JN057482

サステナブル調達を
成功させる
ための

International
Certification
Textbook
for successful sustainable procurement

国際認証の教科書

山口真奈美
日本サステナブル・ラベル協会代表理事

生産性出版

「ラベル・マーク」の表現について

製品やサービスに認証マークやラベルを使用する際に、「○○ラベル」「○○マーク」と、スキームによって解釈や表現が異なるため、本書の表現するタイトルなどは「ラベル」に統一する。

これから「国際認証ラベルの取得とその活用」について

「実践編」で触れるが、

もし、あなたが持続可能な調達（サステナブル調達）の

担当者で、

「国際認証取得までのノウハウをてっとり早く知りたい」

とお考えなら、本書の位置づけを「ハウツウ本」から

自社のあり方を知る「指針の書」へと

軌道修正をしていただきたい。

なぜなら本書は、

「認証取得のノウハウ」の紹介よりも、

企業がサステナブルなビジネスに取り組むときに必要な

「心構えや考え方」

「基礎知識」

の解説に重点を置いているからだ。それは、

「パラダイムシフトの中で、
企業はどう生きるのか」

が前提にある。

「なぜ、いま、企業に
サステナブル経営が求められるのか」
「そもそも国際認証が必要とされるのか」

まずはこのような「問い」に
自身が答えを持ちあわせること。

信念を持ってあなたなりに
「サステナブル視点で選択する審美眼」
を持ち、
「業務に関わること」が、
遠回りのようで
実は近道なのである。

プロローグ

露呈する「経済優先の社会」の歪み

　せっかく本書を手にとってくださったのに、ぶしつけなはじまり方を
してしまい、とまどわれたかもしれませんね。それでもあえてこのよう
な話をしたのは、最近、「国際認証の取得が環境・社会に配慮している
証になるため、企業イメージアップにつながる」と、取得すること自体
が目的化しているケースを耳にするようになってきたからです。

　もちろん、大企業、ファミリー企業を中心に、中小企業も、環境保全
や児童労働問題などに関心を持ち、原材料の調達段階から取り組む対策
が持続可能な社会を築くことにつながると考え、国際認証を取得するケ
ースがほとんどであることは、付け加えておきます。

　では、サステナブル調達とは何かですが、「サプライチェーンの過程
において、関係する人たちが社会的責任を果たしながら、持続可能な責
任ある調達（サステナブル調達）を実現するための施策」です。ですから、
持続可能な社会を実現していくために、

- ・「国際認証」という言葉は聞いたことがあるが、まだ知識がない人
- ・サステナビリティ部門に所属している人
- ・調達部門、製品開発部門、品質保証部門に所属しているため「サス
　テナブル調達」の知識を必要としている人
- ・経営企画、広報部門、IR部門（投資家向け広報）の担当で、社内外へ
　の説明や情報発信をする立場にある人
- ・すでに「海外に委託工場」があったり、海外進出を考えている経営

者

・これから認証取得を考えている人

　などの方々のお役にたてるように、「国際認証の概略」や実務的な「国際認証取得するまでの段取り」にも触れていきます。とは言え、そこでも「なぜ、国際認証が求められているのか」、その背景なども記述するように心がけました。

　なぜ、ここまで国際認証ができた背景などにもこだわるのか。それは私が学生だったころ、社会の風潮として経済成長を最優先していた社会に疑問を持ち、環境を守ることの大切さを感じて、「将来は環境保全の仕事を目指したい」と願い、環境経済学を学びはじめたことにあります。気がつけば、それから30年以上になります。

　具体的には、ISO14001や国際認証を取得している企業100社以上にヒアリングを行い、環境マネジメントシステムが環境保全にどのような効果があるのか。あるいは、国際認証について企業は経済性を追求するだけではなくて、環境的配慮をするツールになると仮説をたて、その有効性の研究にも取り組んできました。

　また、国際機関や財団、研究所で働く機会をもらい、アメリカの民間の環境問題研究所である「ワールドウォッチ研究所」のサポートなどもしながら、企業に対しては、CSR（Corporate Social Responsibility／企業の社会的責任）のアドバイス、環境教育支援なども在学中から行ってきました。

　社会人になってからはその知識を活かして国内外で環境に関する活動や研究・仕事にも従事し、2004年ごろからはCSRや環境を専門とし、企業CSR活動のサポート、CSR・サステナビリティレポートの第三者意見の執筆、企業や環境団体へのアドバイスなどに携わりました。また、国際認証機関の代表も務めた経験もあります。

　企業のサステナビリティへの挑戦をさまざまな形でサポートする中で、研究テーマでもあった認証が、企業活動をよりサステナブルへ転換する

ツールになればと考えたことをきっかけに、ご縁によって認証に携わる仕事もするようになりました。そして研究所の勤務を経て独立し、会社を設立してから約20年。その間にも、子会社として認証機関を設立し、世界中の同僚と議論しつつ、日本ではまだ展開されていない国際認証を日本のクライアントの方々とともにスタートさせました。

　森林、水産など、ほかの認証機関がすでに実施しているものから、新たにオーガニック繊維やパーム油の認証など、海外では調達に活用されている認証を日本でも展開しはじめたのですが、それは、日本でも「サステナブル調達に取り組むことが企業の必須となる時代が来る」と、確信したからです。

　また、国内外、生産の現場から加工流通に関わる業種・業態の企業を訪問させてもらい、のべ1000社近くの原材料調達地から、製品が社会に提供されるまでの企業活動に伴走する中で、日本をはじめ、EU、アメリカ、インドほか、アジア地域に到るまでさまざまな現場を訪問しました。その中で、サプライチェーンを辿りながら目にする世界は、よりサステナブル経営に取り組むことで、「社会をより良くしたい」という人々の姿がありました。審査機関の立場にいるとコンサルティングができないというジレンマもあり、いまは主にサステナビリティと調達方針策定、認証取得支援などの業務を行っています。

　日本企業の取り組みは進んでいる部分もあるものの、まだまだ経済至上主義的発想であったり、環境やサステナビリティへの取り組みは単なるコストにすぎない、と位置づけているところがあります。でも、発想を変えれば、より進展させられる伸びしろも多いと考えていた折に、「環境問題とビジネスとの関わり方のこれからについて、山口さんの経験を書いてほしい」と書籍編集者から背中を押され、執筆に至ったわけです。

　その最大の目的は、経済優先の社会が生み出した歪みが、「さまざまな社会問題を世界中で引き起こしている現実」や「人間が便利に暮らすことを最優先する経済活動とその営み」が起因となっていること。また、環境・社会を大きくおびやかす「環境破壊」「生物多様性の喪失」「児童労働や人権の課題」など、環境・社会的課題を生み出していることに、

私自身が強い危機感と課題意識を持つようになったことによります。

　たとえば、森林伐採や過剰な採掘、自然破壊により生態系に変化が生じ、多くの動植物が絶滅の危機に瀕し、地球温暖化や気候危機に影響をおよぼしています。その原材料となる資源をどのように調達しているのか、経済最優先の経営陣や企業内の調達担当部署が、直接的であれ、間接的であれ、地球環境と生態系のバランスに影響をおよぼしているという自覚を持っていないことが原因の1つです。

　環境分野の研究者をはじめ、世界中の学者たちも、環境破壊が進むことに警鐘を鳴らしています。具体的には、気候が変わり、海の水が増えて陸地が減り、動植物も減り、農作物が獲れなくなってきています。この状況がさらに悪化すれば、安定的に原材料として使用している資源を調達することすらむずかしくなるでしょう。そうなれば、経済活動そのものが成立しなくなると述べています。

　また、「経済合理性（経済的な価値基準で判断するときに利益がある状態）」を優先したビジネスが通用しなくなってきている点については、環境・経済学者も、「自然の能力を超えることのないエコロジー基準（生態系を維持する基準）」をもとに、経済活動を行うべきだと論じています。

　いまの経済、すなわち「エコノミーにエコロジーを加える」のではなく、エコロジーに軸足を置いて考え、人間は行動すべきというのが「エコ・エコノミー（生態学の法則に配慮した経済）」の概念であり、その進歩と繁栄は、自然との共生によってのみ成り立つと提唱しているのです。

　つまり、自然の摂理に沿った自然との共生へパラダイムシフト（モノの見方や考え方に劇的に変化がみられること）する時代を迎えているいまこそ、ビジネスのあり方を見直し、経済、環境、社会とのバランスを保ちながら発展し続けていくことを前提で動くべきなのです。ビジネスパーソンも、商談などの場で、経済活動のみを最優先してきた発想から脱却してどのように仕事に取り組んでいくのか、真摯にビジネスのあり方を見直し、向き合う転換地点にいることの自覚が求められています。

▶ サステナブル調達を実践するツールとしての国際認証

　では、環境や社会的課題をこれ以上は生み出さず、エコロジーの軸をもとに、サステナビリティ（持続可能性）に配慮した経済活動や営みをするには、事業はどのようにあるべきなのでしょうか。特に、自然・環境・地域社会・労働者の権利などを守り、持続可能な責任ある原材料を調達するにはどうすればいいのか。工場・流通・販売に至るまで、加工流通過程においても環境・社会的配慮を行い、結果、サステナブルな製品・サービスを社会へ提供する、サステナブル調達を実践していくために、どのようなロードマップと手段を講じればいいのかが問われています。

　国際認証の中でも、第三者認証ラベルが信頼性・透明性が高いことが求められていることについての詳細は後述しますが、特徴としては、利害関係のない第三者による専門家が確認し、現場まで確認しに行く、それも毎年定期的に行われるので、書面だけであったり、事実と主張が異なるというリスクは低くなります。よって有効性が担保されるわけですが、経営そのもののマネジメントシステムと、製品ができるまでの認証に着目し、そのプロセスが有用に行われているのか。その判断基準となるツールの１つが国際認証であると言えます。こうした側面から本書ではサステナブル調達を見ていきますが、言うまでもなく、国際認証に頼らなくても、サステナブルな事業や経営を行うことは可能です。国際認証は魔法の杖ではないからです。事実、国際認証を取得していなくても、すばらしい経営者にたくさんお目にかかってきました。

　ところが、興味深いことに経営者の中には自社の経営に自信を持ち、国際水準から比較してみても、十分に評価されるに値する企業経営をしているという自負から、その腕試しとして認証取得を目指すケースもあります。

　彼らにとって国際認証を取得する価値は、国際的にコンセンサスを取られている分野の基準をもとに、第三者が証明することで、自社のお客様や取引先からの信頼性・透明性が増しますし、「経営、マネジメント、

社員の教育」のあり方を再確認できるからだと言います。たとえると、国際認証取得は、「健康診断や人間ドック」のような側面もあり、そこを有効活用しているわけです。

　地球全体から俯瞰して眺めれば、人間も自然の一部であり、この地球上で暮らし続けるためには、「経済性を追うだけ」でなく、「環境・社会に配慮をしてビジネスを継続していく」こと。つまり、人間社会と自然・生態系との調和が必要なのです。そのバランスを企業がどのようにとっていくのかの舵取りは、人間の手にかかっています。

　いま、私たちは危機的状況にあります。日々、目の前の暮らしや仕事で１日が過ぎていくかもしれませんが、すでに地球は大変な状況にあり、何としても私たち人類は、ドーナツ経済を実現しなければなりません。ドーナツ経済とは、ドーナツの環の中にある基本的な人々が暮らすうえで必要なニーズを満たしつつ、環の外にある地球の限界を超えることなく、バランスをとる経済モデルのことです。

　これからも私たちの日々を支える地球環境のサステナビリティが保たれ、また、世界中の人々が今日という１日を幸せに過ごし、明日も同様に迎えられるように、「サステナブル調達の実践」に向けた道筋を本書を通して考えていきたいと考えます。国際認証活用の先にある「サステナブルが当たり前の社会形成」を目指すことを切に願うのですが、まずは「自然環境破壊が進行する中で、これから企業はどうあるべきか」について、第１章では説明していくことにしましょう。

　2024年１月吉日

　　　　　　　　　　　　　　　　　　　　　　　　　山口真奈美

推薦の言葉

　血を流して倒れている人を見たら、みなさんはどうされるでしょうか。「これは非常事態だ」とすぐに認識し、周囲の人と協力して、救急車を呼び、ただちに止血など応急措置を取られると思います。

　人類はいまや気候と環境の非常事態に直面しています。2023年には、1日の世界の平均気温が産業化前より1.5℃（パリ協定目標）を超える日が1年の3分の1を超えました。11月17日、18日には2日続けて初めて2℃を突破し、世界を驚かせました。2023年の年間平均気温は産業化前と比べて1.5℃高い状態に迫り、観測史上最高を記録することが確実視されています。

　気候と環境の非常事態において血を流して倒れている人はわれわれ自身であり、応急手当を行うのもわれわれ自身であり、救急車もわれわれ自身がその役割を果たさなければなりません。

　非常事態を招いた主な原因は、エネルギーと資源の大量消費です。人類の資源消費量は1000億トンの規模に達しています。1日に全世界から排出されるCO_2は1億トンにものぼり、地球温暖化によりグリーンランド氷床や西南極大陸氷床は平均して1日あたりそれぞれ10億トン、4億トンの氷を失い、融けた膨大な淡水により海面水位が上昇しています。

　いまこそカーボン・ニュートラル、サーキュラー・エコノミー、ネイチャー・ポジティブに向かって全力を尽くさなければなりません。それには資源・エネルギーのサステナブルな利用をしなければならず、国際環境認証はそのために有用です。国際環境認証は出血を止めるための止血帯であり、応急措置に必須の常備品です。

　本書の著者は「国際環境認証の実務」に精通し、それを普及させるための社会運動のリーダーで、言ってみれば気候と環境の救命隊の隊長です。読者のみなさんに環境と気候を救う必需品である止血帯として、本書を推薦します。

東京大学名誉教授 山本良一

第1章

基礎知識編

なぜ、「サステナブル経営」が必要なのか
「自然」と「共生」することが大事な理由

第2章

基礎知識編

サステナブル調達を実践するために
「企業経営」と「調達」を関連づける考え方

第3章

基礎知識編

世界でも通用する
「国際認証のしくみ」を知る
企業が「認証」を取得する意味とは何か

第4章

実践編

行政・企業の「取り組み」と
「サステナブル調達」最前線
国際認証の取得の現状と課題

第5章

実践編

国際認証を取得する
メリット・デメリット
生産から小売まで。10社の取り組み事例から

第6章

実践編

国際認証の取得ステップ
印刷会社Ａ社「FSC認証」取得の道のり

第7章

実践編

8つのサステナブル・ラベルの
意味・役割を知る
「森林」「水産」から「パーム油」の国際認証まで

第1章

なぜ、
「サステナブル経営」が
必要なのか

「自然」と「共生」することが
大事な理由

1 「地球」からの警告

　プロローグで、企業はエコ・エコノミーという生態学の法則に配慮した経済「自然と共生すること」を前提に、ビジネスに取り組むことが求められており、その実現に向けてパラダイムシフトが起きていることに触れた。

　なぜ、私がそう考えるのか。いままで経済発展してきた中で、大手企業を筆頭に中小企業も投資をしながら技術開発や業務の効率化などに積極的に取り組んできた。それは消費者ニーズに少しでも多く応えるために企業努力をしてきた賜物であり、その恩恵として市場には「より便利なもの」「よりコストダウンしたもの」「より品質のよいもの」が出回っている。

　一方で、経済最優先の考え方が環境破壊や格差社会を生み出しており、「経済合理性」を最優先させた経済活動が、自然災害や異常気象、気候危機、生物多様性の喪失と生態系の破壊、天然資源の枯渇、児童労働や人権課題という負の遺産を生み出している。さらに、人間の欲望を満たすことを最優先させた社会は今後、成立しなくなることが明らかであろう。

▶ 進む「環境破壊」と「人権侵害」

　たとえば、環境破壊について言えば、自然環境の変化や温暖化の影響による気候の上昇、自然災害や異常気象、資源の枯渇や種・生物多様性の喪失などが、この数十年の間で、問題視されてきた。

　具体的に言えば、2016年、沖縄でサンゴ礁の死滅がにわかに社会問題化したのも、その1例であろう。沖縄の海と言えば、エメラルド色で美しく、透明度も高い海を思い浮かべるため、サンゴ礁の死滅など想像がつかないかもしれない。

　しかし、海に潜れば、海洋環境の変化が顕著に見られる。沖縄県の国内最大と言われるサンゴ礁「石西礁湖」については9割超のサンゴが白

化、約7割の死滅が確認された。さらに、2022年7月、その近海でも大規模なサンゴの白化が進んでいたことがわかり、2016年と同様に死滅したサンゴが多く発見された。その原因はどこにあったのか。海水温上昇と海洋汚染や汚濁などによるストレスが、サンゴ礁に大きく影響したと発表された。

では、海洋汚染の原因はどこにあったのかと言えば、「海洋ゴミ」と呼ばれる海洋プラスチックが風や水に流され、海洋汚染を引き起こしたことが原因の1つであった。漂着ゴミの総量（2019年時点）は、日本近海で約3.2万トンにものぼるというデータもある。
「そんなに多くのゴミが日本の海に漂流しているのか」と驚かれるかもしれないが、実は、問題はこのゴミの量の多さだけでない。ペットボトルなどのプラスチックが放置されたままになると、直径5ミリ以下のマイクロプラスチックとなる。マイクロプラスチックが半永久的に自然分解をしないことは、科学者や研究者の間ではよく知られている。

問題なのは、このゴミが海洋を漂う中で有害な化学物質を吸着することであろう。エサと間違えてマイクロプラスチックを食べた魚が漁で捕獲されて、食卓に並べば、私たちの健康をおびやかすことになりかねないからだ。もともとは人間が、生活向上のニーズに合わせて開発した製品などが、生態系にじわじわと悪影響をおよぼしている。

海の事例だけではなく、気候変動も自然環境破壊に影響していると言えそうだ。2023年に入り、日本でも記録的な豪雨や災害が続き、被害が相次いでいる。

2023年7月、中国・北陸地方や九州各地では河川の増水や氾濫、住宅地や道路が冠水した。秋田では豪雨により1000棟を超える家屋が浸水し、農地・農業施設と林地・林道など、農林水産関係の被害も多く報告された。40℃近い気温と、突き刺さるような日差しに、過去に類を見ない気候変動を感じた人も多いだろう。

2023年3月に発表された国連の「気候変動に関する政府間パネル（IPCC）」第6次統合報告書では、さらに大胆な温室効果ガスの排出削減を進めなければ、2100年までに3℃ほどの気温上昇が見込まれると警

告する。

　たしかに、この数年の間に、国内のさまざまな場所で異常な暑さを感じるようになった。2022年までの11月の平均気温は最高17℃程度であったが、2023年同月に熊本県で30℃、東京都心で27.5℃と100年ぶりに最高気温の記録を更新。地球の周期的なものだろうと、楽観視するには早すぎる。

　日本はもとより世界中でも、熱波や豪雨の猛威にさらされる。命に危険がおよぶ高温が続き、北米、欧州、アジアなど記録的な水害や山火事も相次ぐ中、WMO（World Meteorological Organization／世界気象機関）のターラス事務局長は、「地球温暖化の影響で異常気象の頻度は増しており、残念ながら『新たな日常』になりつつある」と警鐘を鳴らす。

2　生活をおびやかすリスクをどう考えるのか

　さらに、世界経済フォーラム（World Economic Forum）の「グローバルリスク報告書 2023年版」では、今後 2 年間に考えられるリスクとして「生活費の危機」「自然災害と極端な異常気象」「地経学上の対立」「気候変動の緩和策の失敗」「天然資源の危機」「大規模な非自発的移住」などを挙げた。

　今後10年間では、「気候変動の緩和策の失敗」「気候変動への対応策の失敗」「生物多様性の喪失や生態系の崩壊」など、地球環境の変化が上位に上がり、地球規模でリスクが高まる（図表1-1）。

▶ 資源と生物多様性

　なぜ、企業活動と自然との関係を把握したり、開示することが求められるのか。資源として、時には自然や人々を利用しながら産業が拡大していった中で、歪みが起きたとも言える。特に産業革命以降、多様な製品が大量生産され、人の暮らしを豊かにするさまざまなアイテムが誕生したが、その原材料となる資源が世界中の地域から調達されている。

図表1-1 グローバルリスクを考える

今後2年間

①生活費の危機 （社会）

②自然災害と極端な異常気象 ［環境］

③地経学上の対立 ／地政学／

④気候変動の緩和策の失敗 ［環境］

⑤社会的結束の侵食と二極化 （社会）

⑥大規模な環境破壊事象 ［環境］

⑦気候変動への対応策の失敗 ［環境］

⑧サイバー犯罪の拡大と
サイバーセキュリティの低下 ／テクノロジー／

⑨天然資源の危機 ［環境］

⑩大規模な非自発的移住 （社会）

今後10年間

①気候変動の緩和策の失敗 ［環境］

②気候変動への対応策の失敗 ［環境］

③自然災害と極端な異常気象 ［環境］

④生物多様性の喪失や生態系の崩壊 ［環境］

⑤大規模な非自発的移住 （社会）

⑥天然資源の危機 ［環境］

⑦社会的結束の侵食と二極化 （社会）

⑧サイバー犯罪の拡大と
サイバーセキュリティの低下 ／テクノロジー／

⑨地経学上の対立 ／地政学／

⑩大規模な環境破壊事象 （社会）

リスク分類

（社会）　［環境］　／地政学／　／テクノロジー／　／経済＼

World Economic Forum「Global Risks Report 2023」をもとに著者作成

　過剰な調達や生産がされる過程で、自然環境へ負荷をかけながら経済発展をしてきた。その結果、自然環境破壊や気候危機が起こっているという現実がある。

　地球自体は、動植物のみならず、磁気・風・光などあらゆる構成するものすべてが絶妙なバランスを保ちながら、環境が維持されてきた。人間をはじめ、さまざまな命あるものが暮らすことのできる安定した気候や環境が整っていたと言えよう。

　しかし、少しずつそのバランスが崩れはじめている。このまま放置すれば、ティッピングポイント（転換点）を超えてしまうのではないか。そうした懸念も学者をはじめとした有識者の間で広がっているが、その原因が人間の活動に起因するという見解は、否定できない。

地球はかつてない環境変化にさらされており、貴重な生物種が存在する熱帯雨林をはじめ、各地で森林の伐採が進行し、海でも魚の乱獲や温室効果ガスの排出にともなう海洋酸性化などが見られる。絶滅に瀕する動植物や、実際に絶滅してしまった種などもあり、かつてないスピードで変化が生じているのだ。

　IPBES（Intergovernmental Science-Policy Platform on Biodiversity and Ecosystem Services／生物多様性および生態系サービスに関する政府間科学政策プラットフォーム）の「IPBES生物多様性と生態系サービスに関する地球規模評価報告書」でも、人口と社会文化などの間接要因の価値観の変化が指摘されている。そして私たちの思考や行動において「人口と社会分野、経済と技術、制度とガバナンス、紛争と伝染病」などの向き合い方が変化してきていることにも関係していると報告している（図表1-2）。

　加えて、人間の行動が直接要因である「土地・海域利用変化や土地採取などの影響、気候変動、汚染、侵略的外来種の増加」などもあり、世界的な自然劣化が進んでいる。

　では、人権に関してはどうか。たとえば、原産地で指摘される中に児童労働があるが、義務教育を受ける権利を妨害する労働、法律で禁止されている18歳未満の危険・有害な労働が問題視される。ユニセフの最新報告書『児童労働：2020年の世界推計、傾向と今後の課題』によると、児童労働は世界で１億6000万人（世界中の子どものほぼ10人に１人）にのぼった。また、新型コロナウイルス感染症の影響で児童労働に従事させられた子どもたちもいた。

　この児童労働に従事している１億6000万人の子どもの内訳を言えば、１億1200万人は農業部門、サービス部門が3140万人、工業部門が1650万人であるというデータもある。

　経済発展をするプロセスで起こる環境破壊と児童労働を例にあげて説明してきたが、もし、企業が事業への取り組みや消費者が暮らし方を改めると決め、その改善に真摯に取り組んでいけば、「危機的な状況に陥る未来シナリオ」から「生物多様性への悪影響が減少する変革シナリオ」へスムーズに移行できる。

図表1-2 「人の価値観と行動」と「自然劣化の関係」

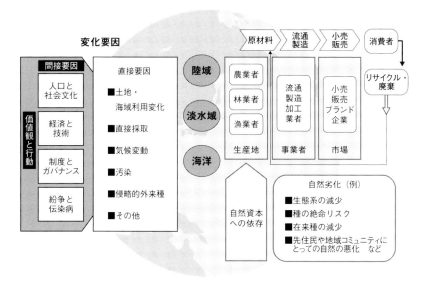

IPBES「IPBES生物多様性と生態系サービスに関する地球規模評価報告書　政策決定者向け要約」（生物多様性減少を明示する、直接的または間接的な変化要因による世界的な自然劣化の例）をもとに著者作成

3 人類の限界とトランジション・シナリオ

　では、今後、企業は「エコ・エコノミー」実現に向けて、自然との共生をどう考えていくべきなのか。サステナビリティという考え方を理解し、取り組んでいくことが求められる。あなたも感じているかもしれないが、このままでは地球の温暖化はさらに進み、これまで以上に私たちの日常は、熱波、洪水、干ばつ、火災などのリスクに晒される可能性も生まれるからだ。至急、温暖化対策に取り組まなければ、21世紀末時点での平均気温は、20世紀末ごろよりも2.6℃〜4.8℃上昇するというデータもある。

　たとえば、異常気象が続けば、急速に環境破壊は進行する。それによって農作物は育たず、世界的な食糧不足を招くことにでもなれば、私た

ちが生きるために必要な栄養すらとれなくなる。それによって免疫力が低下すれば、病気の蔓延にもつながりかねない。

　このような中、国際連合では2015年9月、国連サミットでSDGs（Sustainable Development Goals／持続可能な開発目標）を採択し、「2030アジェンダ」を掲げた。その特徴は、「持続可能な環境や社会を実現するために先進国を含むすべての国が取り組むという『ユニバーサリティ』」（外務省資料より）宣言するものだった。国連に加盟するすべての国は、全会一致で採択したこのアジェンダを2030年までにやり遂げると言う。

　つまり、貧困や飢餓、エネルギー、気候変動、平和的社会など、持続可能な開発のための諸目標を達成すべく力を尽くすと宣言し、いまも取り組んでいる。

　また、同様に2009年ごろから注目されているのが、「プラネタリー・バウンダリー」という、スウェーデン出身の環境学者ヨハン・ロックストロームを中心としたチームが発表した概念であろう（図表1-3）。

　そもそもは2000年ごろに、大気科学者であり、1995年にノーベル化学賞を受賞したパウル・クルッツェンが地球科学の国際会議で、「いまはもう完新世の時代ではない。いまは人新世だ」と発言。完新世（1万1700年前から現在）の時代は終わりを告げ、「人間の活動が地球に地質学的なレベルで影響を与えている」人新世の時代を迎えているとしたことがきっかけとなり、研究が進んだと言われている。

　このプラネタリー・バウンダリーは、2050年に向けた目標として各研究機関や国際会議などでも議論され、グローバル企業が参考にしはじめている。プラネタリー・バウンダリーは「地球の限界」と訳され、人間が地球上で持続的に生存するために超えてはならない地球環境の境界（バウンダリー）があることを示す。

　この境界だが、ヨハン・ロックストローム科学者チームは、9項目に分けており、それぞれを数値化している。私たちが健康診断を受けたときに数値化された数字を見て病気の可能性があるのかないのかを知るように、この9項目の数字を読むことで、人類が生存できる安全な活動領域内にあるのか、限界値（閾値）が近いのかを知ることができる。具体

的に9つの項目とは、

- ・気候変動
- ・新規化学物質
- ・成層圏のオゾンの破壊
- ・大気中エアロゾルの負荷
- ・海洋酸性化
- ・生物地球化学的な流れ
- ・淡水の利用
- ・土地システムの変化
- ・生物圏の一体性

図表1-3　プラネタリー・バウンダリー

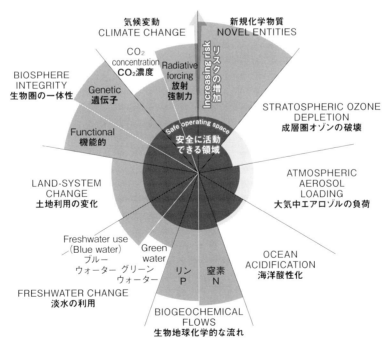

Stockholm Resilience Centre「All planetary boundaries mapped out for the first time, six of nine crossed」より著者加工

である。これらは個々に独立したベクトルではなく、相互に関係し合っており、この値を超えたり、あるいは下回ったりしてはいけない基準となる指標が、それぞれ決められている。同氏の著書『小さな地球の大きな世界』（丸善出版刊）によると、地球の状況は、二酸化炭素濃度のことを言えば、限界値の下限である350ppmを超えて400 ppmに達し、破滅的な展開が起きる450 ppmに向かっている。また、生物多様性も深刻で、生物種は自然状態の1000倍の速さで絶滅している、とある。

　人類の発展、気候、生態系、予期せぬできごとの４つにより、「安定した地球で人類が安全に活動しにくくなっている」と言えそうだ。

　その対策として、現在を「転換期（トランジション）」を迎えたと位置づけ、エネルギー分野においては、「トランジション・シナリオ」が描く未来を目指して、企業や団体を中心に動きはじめている。具体的には、CO_2排出量ゼロに向けての取り組みが加速する中で、再生可能エネルギーが使いやすくなることを目指す。再生可能エネルギーの供給拡大につながれば、化石燃料を使わない社会が実現する。

　では、今後、具体的にどのようなアクションが私たちに求められるのだろうか。サステナブルな世界の実現に向けて、ビジネスの役割を探求するということで、WBCSD（World Business Council for Sustainable Development／持続可能な開発のための世界経済人会議）では、2021年3月「Vision 2050／Time to Transform」を発表した。

　だが、地球の生態系や社会が重大な転換点に近づく危機にありながらも、世界は依然として従来の枠組みにとどまり、変革が進んでいない状況にあるとし、WBCSDは、企業が今後10年間にとるべき行動の指針となるものであるとし、企業に対して「大変革への主導的役割」を求める。

4　企業が問われるサステナブル経営

　しかし、自然・生物・物質を含めた天然資源に依存した私たちの暮ら

しの中で、その地域での循環を超えて、遠くの国で資源を採掘し、調達しなければ成り立たないビジネスは多い。

たとえば、この数年パンデミックで手洗いや消毒の徹底が普及したが、清潔さを保つために使われる洗剤・石鹸の原材料にアブラヤシがある。アブラヤシの実を原料としたパーム油やパーム核油は、日用品のほかに、化粧品、食品などにも使われているが、その調達のためにインドネシア・マレーシア地域では、大規模なアブラヤシのプランテーションが拡大してきた。

こうしたプランテーションは、先住民やそこに棲む動植物をおびやかす。また、アブラヤシを育てるために貴重な森林や泥炭地を開墾し、熱帯林などの森林を焼き払うなど、生態系を壊しながら広がり、パーム油の産業が発展してきた。

一方で、パーム油産業により、そこに従事する人々の雇用は拡大してきた。つまり、産業構造の変化により、地球の自然環境にも、その地域で暮らす人々にも、メリット・デメリットも含めて影響をおよぼしてきたことになる。

パーム油を事例にインドネシアやマレーシアの状況を紹介したが、日本は、多種多様な資源の原材料を海外に依存している。洋服やタオル・ハンカチなどに使われている綿は、日本では産業として綿花栽培がほとんどされていないため、インドやトルコ、中国、アメリカなどから原綿を輸入している。

また、日本食の大事な原料となる大豆や小麦もアメリカやブラジル、カナダなどに依存してきた。その結果、日本の食料自給率は39％、また、国土の67％は森林なのに、木材の自給率は40％、紙に至ってはほぼゼロという現状だ。では、現状を踏まえたうえで私たちは、どのような価値観を大切にし、今後、行動する必要があるのだろうか。

▶ 誰もが担うサステナブル経営

自然との共生が当然のごとく組み込まれた人間社会とビジネスの世界を、私たちはどう形成していくのか。

企業には利潤の追求とともに環境や人権を守るという大切な要素があることは、述べてきたとおりである。では、企業の経営者や担当者が、何かを決断しなくてはならないとき、サステナビリティの観点なしに、利益を生み出し続ける経営をすることは可能なのだろうか。

　あなたの立場は、経営者、サステナビリティ部門、調達や購買の責任者、もしくは、人事、総務、経営企画、開発、工場などの責任者などかもしれない。どの立場であれ、あなたは何を基準に経営や事業の良し悪しを決断しているのかを考えてみてほしい。

　たとえば、製品をデザインするときの素材は長期的・安定的に入手可能なのか。調達の保証や循環を意識しているか。リサイクルなどはしやすい設計なのか。

　また、開発する段階や調達先を選定する場面、プロジェクトを推進する際の利害関係者の状況は日本国内のみなのか。自社だけで生産やサービス提供が可能なのか。むずかしいなら、原材料調達をどこの国から行い、どのような資源に依存するのか。誰が形にするまでの製造を担うのか。また、その全体の経営方針、調達のあり方は社内でコンセンサスがとれているのか。

　もしかしたら、自身の働き方や持続可能性も関係するだろう。企業は人がつくり上げた組織であり、働く場所やその環境（労働条件など）は無理のない形になっているか。差別、マイノリティーへの配慮、ハラスメントが潜在的に行われていないかに至るまで、サステナブル経営を実現するのには、企業を構成するすべてに関わっている。

　企業人としての側面だけではなく、個人として、また消費者としての選択も、実は大きな影響力を持つ。

　しかし、なぜ、企業にサステナブル経営が必要なのか、その本質を理解していないという声もまだまだ耳にする。では、どうすればいいのか。いち消費者の目で、自社の事業のあり方を俯瞰して眺めてみるのはどうだろうか。

　そうすることで、これまでは無関係だと思っていた環境、経済、社会はすべてつながっていること。あなたが関心を持つことで、世の中をサ

ステナブルな状況に変革する可能性があることに気がつくのではなかろうか。

5 「認証」という手段を活用する

　ここまで見てきたように、世界の情勢や環境が日々変化する中で、企業がどのように取り組んでいくのか、本書のテーマでもある、「サステナブル調達を成功させるためのツール」として、国際認証と企業のかかわりについて少し触れたい。

　次章以降で、「サステナブル調達の方針の策定」「経営に重要な役割を担う点」については触れるが、実際に、サステナブル調達、持続可能な責任ある調達などの方針を掲げ、目標を設定し実践する企業が増えてきている。それは自然資本に依存し、グローバルリスクも抱えているという点で、リスクとも表裏一体である。たとえば、以前からNGOから改善の指摘などもあった事業について向き合わなかったことで、順調だった事業がリスクへと変化したことがある。

　具体的には、サッカーボールが児童労働の現場でつくられていたり、チョコレートでも児童労働のみならず、森林破壊によりオランウータンがすみかを失うなどの事例である。その結果、NGO主導で消費者も賛同し、ネガティブキャンペーンを実行したこともある。

　近年は気候変動の影響から獲れるはずの作物や原材料が手に入らず、薬までが不足する事態や、燃料や肥料も高騰して消費者の生活を圧迫する状態を招いている。企業もできることなら値上げには踏み切りたくないだろうが、こうした情勢から経営自体のサステナビリティを考慮すると、消費者への負担なしには、事業の継続がむずかしいという判断が多方面でくだされている。

　リスクの回避に向けたロードマップも含めて、サステナブル調達の方針を見ると、「○○の認証の比率を上げる」という文脈に触れることがある。つまり、各業界や原材料が関係する、配慮すべきサステナビリテ

ィ視点の項目が調達方針の中に明記されているわけだ。それらを満たす認証原材料や認証取得製品を取り扱うことが企業の高評価につながる。

　ある小売チェーンは、「持続可能な調達方針」の中で、農畜水産物や紙・パルプ・木材・パーム油などについて、自然・生態系・社会と調和のとれた持続可能な調達に努めるとし、プライベートブランドでは、認証比率の100%実施を目指し、持続可能な裏づけのあるものを提供すると宣言した。そのために調達方針があると位置づけ、目標の実現に役立つ認証があれば取得したり、取引先に求めるなど、認証を活用すると言う。

　自らが生産地までサプライチェーンをたどらなくても、一定の評価が第三者により実施される。自社だけでリスクを背負うのではなく、認証関係者や取引先とともに確認し、調達を実施している様子がうかがえる。

▶ 業界の承認スキームやアライアンス

　さらに、調達方針の中や、業界内で耳にするキーワードとして、承認スキームやベンチマークがある。たとえば、食品に関して、GFSI（Global Food Safety Initiative／世界食品安全イニシアチブ）があり、GFSI承認スキームによる取引も進んでいる。GFSIは、CGF（The Consumer Goods Forum）という食品製造業と小売業の国際団体が合併して設立されたものが母体であり、世界中の消費財のリテーラーとメーカーを結集する国際的な消費財業界団体である。

　ここでは詳細は触れないが、このCGFの中にあるGFSIは、多くの認証について、ベンチマークの役割をはたしている。それにより、「GFSI Benchmarking Requirements」への適合度を確認し承認を与えており、このGFSI承認スキームを頼りに、企業は一定の信頼性のある認証として活用する動きがある。

　なぜ、これらの承認スキームが小売業を中心に活用されるのか。GFSIは安全な食品提供のために、製造やサービス提供などに関するいくつかの要求事項を定めているが、承認された認証を活用することで、要求事項を満たすと判断されるからだ。

　このほかにも、水産のGSSI（Global Sustainable Seafood Initiative／世界

水産物持続可能性イニシアチブ）があるが、これにはGSSI承認スキームがあり、水産物の認証スキームを行うためのグローバルベンチマークツールを作成。GSSI承認スキームに入っている認証制度を農産物と同様に事業者が参考にしている。

　ISEAL（国際社会環境認定表示連合）の存在も、グローバルに見ると重要であろう。ISEALは、社会環境問題に関する規準を定める主要な国際機関であり、メンバーになるためには、ISEALの「社会環境基準設定のための適正実施規範」（Setting Social and Environmental Standards）の提示する条件を満たす必要がある。つまり、信頼性に関して、自社が非常にレベルの高い規格を有していることを実証しなければならない。そのための条件として、

・規格の設定は公開された透明な参加型プロセスによって行われる。
・コンプライアンス違反のリスクを軽減するための厳格な保証機能が整備されている。
・規格の影響を体系的かつ客観的に評価する。
・新しい情報を踏まえ、継続的な改善を促す方策がある。
・プログラムの影響を実証するための監視と評価が行われている。

などがある。MSC（Marine Stewardship Council／海洋管理協議会）やFSC®（Forest Stewardship Council®／森林管理協議会）、レインフォレスト・アライアンスや国際フェアトレードなどは、このメンバーでもある。NGOなどが評価するしくみやガイドラインを参考にしたり、SAC（Sustainable Apparel Coalition／サステナブル・アパレル連合）のHIGGインデックス（持続可能なサプライチェーンや管理を評価する指標）の活用や、EcoVadisなどのサステナビリティ評価やレーティングも進んでおり、多角的な評価のしくみやガイドラインが広がる。

　ちなみに、本書で紹介する認証も個々の存在としてだけではなく、企業間の協力や連携の中で、サステナブル経営の後押しをしている。

　サステナブル経営を実践していくにあたり、経済的な価値基準を中心

にすえる経済合理性だけではなく、エコ・エコノミー社会の実現を求めるには、「人間社会」「自然」「生態系」の3つの調和が必要である。

　そのバランスがとれるかどうかは、私たちがビジネスにどのような姿勢で挑むのかにかかっており、世界共通の認識である。国際認証はその共通認識に基づいて基準を作成しており、認証というツールの活用には、サステナブル調達というアプローチがある。

　そのサステナブル調達を実現していくために、何のサステナビリティか。つまり、何を持続可能にしていくのかで、視点もアプローチも異なってくる。そのアプローチとして、さまざまな認証制度が誕生してきたが、この数十年で構築されたものが多く、いまも新たに変化し続けている。そして認証は人間の手でつくられたシステムであり、常に改善と信頼性の向上が認証側にも求められる。

　事業活動から生まれる製品・サービスが、環境や社会に配慮されたサステナブルなものを当然のように社会へ提供していくこと。そこで働く人々や私たちも持続可能な暮らしや社会を創造していくことが急務だ。サステナブル調達を成功させることは、サステナブル経営の実現でもあり、このために国際認証がどう活用されるのか。次章では、サプライチェーンという考え方から入ることにしよう。

第2章

サステナブル調達を
実践するために

「企業経営」と「調達」を
関連づける考え方

1 サプライチェーンをたどる 「サステナブル調達」

　第1章で紹介したように、いま、地球は大きな転換点を迎えている。気候変動、森林破壊、生物多様性の損失、水産資源の枯渇など、環境破壊はもう「待ったなし」の状況であることは、誰もが認めるところだ。また、強制労働や児童労働など、資本主義経済のシステムにおける人権課題は、早急に解決しなければならない世界共通の問題である。

　世界で起きているこのような問題や課題は、もはや対岸の火事ではない。世界は大変そうだけれど、自社やいまの仕事には関係ない、と見て見ぬふりや「知らなかった」では通用しないところまで、事態は差し迫っている。企業としても、個人としても、意識的にこれらの問題や課題に取り組み、「持続可能な社会が実現する」ことを目指し、そして事業活動に取り組んでいく必要がある。

　なぜならば、自然環境を見ればわかるように、地球上のすべてのものごとはつながり、関わり合っており、こうした状況を放置しておくことは、社会が抱えているさまざまな問題を放置することになるためだ。また、気候変動や環境破壊など地球で起こっている悪循環のスパイラルを助長することにもなる。

　私たちが確認できている現象は、それでも氷山の一角であり、俯瞰して自然環境の変化を眺めた場合に、もう先送りできないギリギリの段階まできている。

　では、企業は事業活動をするうえで、どのように「サステナブルな社会の実現」に取り組んでいけばいいのだろうか。その鍵となるのは、「調達」方針の考え方を見直すことだ。調達とは、簡単に言えば「製品をつくるための資源である原材料がどこで集められ、どういうプロセスを経て加工され、消費者の手元に届くのか」、というストーリーのことだ。たとえば、生産者から直接購入する「産地直送の農産物」などは、つくり手の顔は見えやすい。しかし、それでも詳細を知りたければ消費者は、生産者が所有する農地まで出向き、どのような方法で野菜を育てている

のか、農薬や肥料はどこから入手し、どの程度使用しているのか。あるいは、生産に関わる人たちが、少しでも多くの農産物をつくるために無理な働き方をしていないかなどまでたどらなければ、実際のところそのストーリーは明らかにならない。しかし、そこまで調べるのは現実的でないと考えるのが普通であろう。

メーカーも基本の流れは同様だが、もっとこのストーリーが複雑になってくる。自社の製品が原材料に何を使っているのか、それをどこの国や取引先から購入しているのか、その取引先もどこから調達しているのか……と、かなりルーツを丁寧にさかのぼらないとならない。さらに、製品を仕入れて売る商社や小売になると、原材料の調達プロセスは複雑に入り組み、そのストーリーを完璧に語ることは、介在する人たちが多く、かなりの困難を極める。

このようにどの業種においても、商品や製品の調達をその源流までさかのぼり、確かな情報を得ることは大変な作業であるのだが、「サステナブルな社会の実現」にとっては、そのストーリーをたどれることは必要不可欠なことになっていく。しかし、現実問題として、さまざまな壁も立ちはだかる。

一番の問題はコストであろう。自社の従業員を派遣して調達先の現場検証をすることになる。それには、専門的な知識や経験も必要になり、人件費と莫大な時間がかかる。海外に調達先があればなおさらだ。企業は、そのコストは製品の販売価格に乗せざるをえなくなり、経営は行き詰まる。当たり前のことだが、経営が成り立たなければ企業は存続できない。企業そのものが持続可能でなければ、何のために調達を考えるのか、論点が変わってきて本末転倒になる。

そこで必要になってくるのが、第1章の最後でも触れたが、自社が「サステナブル経営」と「サステナブル調達」の考え方を身につけることだ。つまり、経営も調達も、サステナブルを両立させたうえで事業活動に取り組んでいくことが、これからの企業には求められる。

そうした社会づくりの実現に向けて、国連が1つの指針として「人間、

地球および繁栄のための行動計画」として、具体的なアジェンダを掲げたのがSDGsであろう。

　つまり、2030年までに「サステナブルで、よりよい世界を目指す」目標であるSDGsが社会に浸透しつつある中で、自社が取り扱う製品やそれに使う資源について責任を持って「はい、サステナブル調達をしています」と、どんなときでも胸を張って答えられるようになることが、「企業の大切な社会的な責任」にもつながっていく。

　企業には利益を上げ、組織を拡大していくという使命がある。同時に自社のパーパス（存在意義）として、社会生態系（人類と自然が共生する持続的な社会）の一員として、社会に対してより良い環境づくりに貢献する役割も求められるようにもなってきていると言えよう。

▶「環境・社会的課題に配慮」しているのかを見る

　では、サステナブル調達とは何かを、もう少し具体的に説明すると、調達先において環境破壊につながっていないか、人権が守られた調達をしているのかを示すことである。そして、その「製品の原材料・部品の調達から販売に至る」までの一連の流れのことをサプライチェーンと言うわけだが、ある製品が消費者の手に届くまでは、原材料からスタートして工場や問屋や商社や販売店などの道のりが川上から川下までつながっているのかを見るものである。

　図表2-1「サプライチェーンの基本的な業種別のしくみ」では、主だった産業別のサプライチェーンを示した。おわかりのように、この流れのどこかが1カ所でも途切れたら、製品は消費者の元に届かなくなってしまうという現実がある。

　たとえば、農業なら「農業（農業従事者）」→流通（協同組合・商社など）」→「製造・加工・小分け・関連産業（製造・外食産業など）」→「小売・販売」というサプライチェーンが主な流れになる。産地直送などの野菜がすべてこの経路をたどるわけではないが、この先に「店舗」や「消費者」がいる。

図表2-1　サプライチェーンの基本的な業種別のしくみ

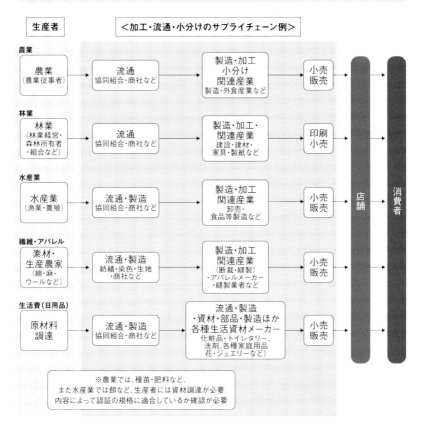

アパレル・衣類であれば、「素材・生産農家（綿・麻・ウールなど）」→「流通・製造（紡績・染色・生地・商社など）」→「製造・加工・関連産業（断裁・縫製・アパレルメーカーなど）」→「小売・販売」→「店舗」→「消費者」という流れになるだろう。

そして、品質の担保はもとより、それぞれのプロセスにおいて、「環境・社会的課題に配慮」しているのか、それぞれのプロセスでどのようなストーリーを持っているのかなどが、世界レベルにおける社会風潮の中で厳しく問われるようになり、ここに注目が集まっている。

2 原材料の調達状況がわかる「トレーサビリティ」

　ところで、「製品の原材料・部品の調達から販売に至る」までの一連の流れであるサプライチェーンを把握し、サステナブル調達がされているのか、確認に必要なのがトレーサビリティである。

　トレーサビリティは日本語にすると、「追跡可能性」のことを言う。メーカーとそれを販売する小売では、定義のニュアンスが多少変わる場合もあるが、製造・加工・販売に至るそれぞれの場面で使用されている概念であり、サプライチェーンにおける原材料選びから製品化されて消費者の手元に届くまで、「いつ（年月日）」「どこで（国や地域）」「誰が（関係者たちの属性）」「何を（扱う原材料や製品）」「どのように（入手の方法）」「なぜ（動機づけやニーズ）」と、５Ｗ１Ｈを明確にしながら流れを明確に知ることができる手法のことだ。

　国際情勢や社会情勢は、刻々と変わる。たとえば、いままで安全だった地域であっても、政治や経済関係の悪化によって紛争が起きたり、新型コロナウイルスのような世界規模で感染症が突然、蔓延することもある。また、為替の変動で物価が高騰するときもあるかもしれない。そんな変動する社会情勢において、トレーサビリティが把握できれば、サステナブル調達に取り組む企業や組織は、世界情勢のリスクを含む変化の芽も把握しやすくなり、状況が悪化する前に先手先手で自社なりの対策を考えることができる。それは、全体的なバリューチェーン（価値連鎖）の強化にもつながるだろう。

　さらに、サプライチェーンの各プロセスのリスクを下げたり、何らかの問題を抱えていそうな場合は、社会的責任や意義のある行動をとることも可能になるだろう。このようにトレーサビリティの確保は大切なのである。トレーサビリティには、企業活動のどのプロセスを見るかの違いで２つの視点があるので、ここで紹介したい（図表2-2を参照）。

①チェーントレーサビリティ──複数の工程（企業間）での製品の移動の把握が可能であること。

図表2-2　企業活動のプロセス「トレーサビリティ」を知る

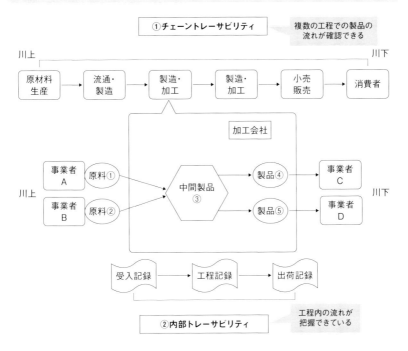

②内部トレーサビリティ――１つの企業・工程内での製品の移動の把握
　が可能であること。

　私たちが一般的にトレーサビリティと呼ぶのは、①の原材料から加工
流通過程、販売に至るまで追跡可能な「チェーントレーサビリティ」で
ある。たとえば、原材料／部品の生産・供給先から仕入れて製品化した
メーカーが、どこへその製品を販売したのか。トレーサビリティの流れ
を把握することで、そのプロセスの追跡が可能になる。

　また、消費者や小売などの事業者からすれば、目の前にある製品が、
どこ（原産国や原産地）から来たのか遡及（そきゅう）することが可能となり、販売
した製品に問題が生じた場合などは、その原因究明を行うこともできる。
繰り返しになるが、①のチェーントレーサビリティが把握できれば、何
か問題が起きた場合、どこにその原因があるのかその本質をつかむこと
が可能になる。それによってトラブルにすばやく対応することができる

ようになるだけでなく、根本的なサプライチェーンの課題解決にもつながるだろう。

　さらに、②の内部のトレーサビリティだが、1つの企業や工場などの製造工程で、どのような原料を使用して、どのような製品を製造したのか把握することが可能となる。①と同様に、問題が起きたときにその原因がどこにあるのか、把握がしやすくなるというメリットがある。認証においては、この内部のトレーサビリティのマネジメントや管理体制が整い、認証製品と非認証製品が混ざらないように適切に管理されているかが重要となる。

　このように経営も調達もサステナブルを両立させる考え方を事業活動に取り入れることが、これからの企業のあり方として求められている。それにしてもなぜ、企業がサステナブル調達やトレーサビリティのあり方に注意を払うようになったのだろうか。国際的な枠組みなどの背景と消費者のニーズの変化について見ていきたい。

▶ 持続可能な調達の概念と「ISO」との関係

　サステナブル調達に必要な要素を知るうえで、ISO（International Organization for Standardization／国際標準化機構）を押えておく必要がある。国際取引を円滑にするために、世界共通の標準規格を制定する非政府組織があり、そこが定めている国際規格がISO規格だ。ISOは「国際的な規模で基準を統一する規格」のことで、さまざまな規格やガイドラインが出されている。

　まず、2010年に発行されたISO26000（社会的責任の手引き）があり、サプライチェーンにおける社会的責任について言及している。2017年には、ISO20400（サステナブルな調達ガイドライン）も発行された。ちなみに、ISO26000、ISO20400ともに、これは認証ではなく自主的な国際規格やガイドラインである。その原則とは以下になる。

① **説明責任**——組織の活動によって外部に与える影響を説明する。
② **透明性**——組織の意思決定や活動の透明性を保つ。

③ **倫理的な行動**――公平性や誠実であることなど倫理観に基づいて行動する。

④ **ステークホルダーの利害の尊重**――さまざまなステークホルダー（利害関係者）へ配慮して対応する。

⑤ **法の支配の尊重**――各国の法令を尊重し、順守する。

⑥ **国際行動規範の尊重**――法律だけでなく、国際的に通用している規範を尊重する。

⑦ **人権の尊重**――重要かつ普遍的である人権を尊重する。

さらに、7つの中核主題として、組織統治、人権、労働慣行、環境、公正な事業慣行、消費者課題、コミュニティへの参画について触れられている。ISO20400のガイドラインでは、サステナブル調達について「商品やサービス、またサプライチェーンに沿った供給者に関連する持続可能性の側面を含む」「組織的な持続可能性の目的目標および持続可能な発展一般に貢献する」と定義がされている。それは、「ライフサイクル全体のプロセスで環境的、社会的、経済的配慮がある調達」がされていることを示すことであり、12の原則がある。

①説明責任（◎）

②透明性（◎）

③倫理的な行動（◎）

④完全かつ公平な機会（◎）

⑤ステークホルダーの利害の尊重（◎）

⑥法の支配及び国際行動規範の尊重（◎）

⑦人権の尊重（◎）

⑧革新的な解決策

⑨ニーズへの焦点

⑩統合

⑪全費用の分析

⑫継続的改善

（◎）は、ISO26000で定められている社会的責任の原則にも明示されているが、さらに項目が追加されて成り立っている。これらが示すようにサステナブル調達への取り組みは、単なる流行ではない。企業が本気でこの考え方を理解し、全社一丸となって取り組んでいるのか。投資家、消費者も、こうした面からの企業の情報開示や透明性を求めるようになってきた。

3 「企業と消費者」の 社会的責任が問われている

　製品（原料に加工を施してできた品物で、製造工程をすべて完了して完成したもの）や商品（商売のための品物の意味で、販売を目的としたもの）がつくられる中で、過去、地球環境への悪影響、人権侵害リスク（貧困、紛争、気候変動、感染症他）などを起こしていた事実があったことを消費者が知るようになり、その原料や材料がどのように調達されているのか、そのプロセスに関心を持つ人たちは、確実に増えてきている。

　それは国連がSDGsを掲げたことがきっかけで増えた側面もあるが、サプライチェーンをたどる場合には、「SDGsの17の目標」の中でも特に、目標12「つくる責任、つかう責任」（持続可能な生産消費形態を確保する）を念頭に置いて企業は行動するようになってきたこともあるだろう。それは、「生産者も消費者も、地球の環境と人々の健康を守れるように、それぞれが責任ある行動をとろう」ということを意味し、サステナブルな社会の実現には欠かせないためである。

　また、世界的な潮流として消費者の間で、エシカル消費への関心も高まっている。エシカルとは倫理的・道徳的という意味で、エシカル消費とは、人、社会、地域、環境に配慮した消費行動のことである。これもSDGs目標12「つくる責任、つかう責任」にも関連するが、消費者自身も責任を持って何を買うのか、その選択に責任を持つことが求められてきていると言えよう（図表2-3）。

図表2-3　エシカル消費の配慮ポイント

〈人・社会への配慮〉
- ・フェアトレード製品
- ・寄付付きの製品やサービスを選ぶ
- ・障害者の方々がつくった製品を選択する
- ・社会的責任のある投資や金融のあり方を見直す
- ・ユニバーサルデザイン
- ・ダイバーシティ（多様性の尊重等）

〈環境への配慮〉
- ・自然や環境、生態系にも配慮した商品を選ぶ
- ・リサイクルやリメイク、アップサイクルを活用
- ・有機や自然栽培の農産物を選ぶ
- ・国産材や地域材の利用
- ・資源保護や生物多様性に配慮した商品選択（認証ラベル付き製品など）
- ・CO_2（二酸化炭素）削減の工夫をしている商品を選ぶ
- ・車や洋服などのシェアサービス活用
- ・食品ロスを減らす
- ・観光でのエコ・ビオ・サステナブルツーリズムの活用
- ・自然・再生可能エネルギーへの転換や活用　など

〈地域への配慮〉
- ・地産地消（地域でつくられたものを地域で消費）
- ・応援消費（被災地の商品を買うことで、その地域を応援する消費）
- ・伝統工芸品の購入
- ・地域の雇用促進
- ・地元の商店街で買う（地域内で循環させながら、地域を元気に）　など

〈ほか社会課題・動物福祉や身近にできること〉
- ・エコな代替素材への転換（毛皮やレザーなどの素材転換）
- ・畜産での命の扱い、平飼い卵、ゲージフリーなどを選ぶ
- ・保護ペットの里親になる
- ・買いだめ、買占めをしない
- ・必要なものを必要な分だけ購入する
- ・いまのことだけを考えず、未来への影響を考える
- ・海外で問題となっている社会的課題に目を向ける
- ・自分のことだけを考えず、相手のことを考えて行動する　など

〈JEIエシカル基準（日本エシカル推進協議会：JEI）〉

〈大項目〉
1. 自然環境を守っている（7）
2. 人権を尊重している（5）
3. 消費者を尊重している（4）
4. 動物の福祉・権利を守っている（6）
5. 製品・サービスの情報開示をしている（5）
6. 事業を行っている地域社会に配慮・貢献している（5）
7. 適正な経営を行っている（7）
8. サプライヤーやステークホルダーと積極的に協働している（4）

※（かっこ書きは中項目の数）

「日本エシカル推進協議会」の資料を参考に著者作成

エシカル消費の配慮ポイントとJEIエシカル基準［日本エシカル推進協議会（JEI）が策定したエシカル基準］を示した内容を参考にすると、エシカル消費が目指す方向性がより深く理解できる。それは、サステナブル調達をするときの基準にもなる。

　こうした経緯から企業も「自社の製品（サービス）がサステナブルなのか」「サステナブル調達ができているのか」を重要視せざるをえなくなってきている。そして押えておきたいのが、「何の」あるいは「何において」サステナブルなのかのストーリーを企業として、語れるように準備しておくことだ。サプライチェーンを把握し、トレーサビリティのしくみを取り入れていれば、サプライチェーンの上流までたどり着くことが不可能ではないためである。

　では、企業が取り組むべきサステナブルな調達であるが、具体的に何が求められているのだろうか。

　大きく分けて環境・社会・経済・ガバナンス（組織の統治や管理体制）が前提にある。特に、環境対応からCSRへとビジネスにおける取り組みは深みを増してきた。つまり、「企業が環境や社会課題の解決に取り組む」のであれば、一過性の取り組みだけではなく、計画性を持って長期的に全社が一丸となって向き合わなくてはならない。自社のみならず、サプライチェーンの上流や利害関係者のあらゆる関係性を俯瞰し、対応に臨むことが求められる。

　さらに言えば、サステナブル経営に取り組むことは、単なる社会貢献やイメージ戦略だけのためではなく、事業におけるさまざまなリスクを回避することにもつながる。地球環境や社会情勢の変化が大きい現在、いつ何時、原材料となる資源が調達できなくなるかわからないからだ。そのときに、果たして現在のビジネスモデル、あるいは商品ラインのままで持続的な経営が可能だろうか。

　もしも、サステナブル調達とトレーサビリティの把握がしっかりと確立していれば、リスクを避けて早めにサプライヤー対応や協働がむずかしい場合は変更をすることができる。あるいは、リスクの特定ができたときに、その原因を緩和することでダメージを最小限にすることも可能だ。

▶ サステナブルの実践に向けて「押えておきたい3つのポイント」

自社が販売したり、扱う製品の販売やサービスがどのように経由してきたのかを把握し、環境や社会的課題はないことを消費者にも伝えることが、サステナブル経営の実践につながる。そのために確認するポイントは、3つある。

①**主要な原材料を知る**──環境・社会的なリスクが高くないか検討する。

②**原材料の生産地はどこか**──国の情勢、地政学リスク、資源の枯渇状態、その原材料の調達部分に関わるチェーンの長さなどを把握する。

③**自社でサプライチェーンのすべてをたどれるか**──製造過程で多くの企業や経由地がある場合、必要に応じて取引先と連携できるかを検討する。

自社で製品にする際に、自社とグループ範囲内にとどまらず、それぞれのプロセスを確認することが、サステナブル経営の連携へとつながる。このようにサプライチェーンの業務の流れに関係するすべての企業、人、地域、環境の状況を知ることは、消費者が手にしている商品の物語──どんなストーリーを持っているのか──を知ることになるだろう。

後述もするが、認証製品を仕入れたり、認証でチェーンをつなぐ場合、その認証基準を満たしている点については、自社がさかのぼることなく確認が可能となるが、調達の側面について触れておく。企業がサステナブル調達に取り組む場合、3つの「調達の側面」（図表2-4）があることも、頭に入れておくことが必要であろう。

① 自社製品における主な原材料に関わる調達。

② 自社製品の梱包・副資材などに関わる調達。

③ 自社で消費する物品などの調達。

図表2-4　サステナブル調達が意味する３側面

〈調達の3つの側面〉
①自社製品における主な原材料に関わる調達（製品化された、自社の商品・サービス）
②自社製品の梱包・副資材などに関わる調達（商品のパッケージ、梱包資材など）
③自社で消費する物品などの調達（販売目的ではなく、自社内で使用するもの）
※本来は①の自社の商品が、サステナブル調達では最も重要。

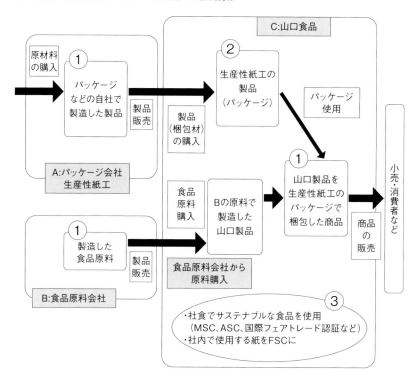

　１つめの「自社製品における主な原材料に関わる調達」は、本業と直結した取り組みのことで、自社の製品・サービスを対象とし、商品を販売して利益をえるための事業の根幹をなす。身体にたとえると心臓部分となる事業で、方針に則り、サステナブル調達に取り組むことがもっとも重要視される。つまり、本業のこれからの持続と成長を支える経営戦略に直結し、企業が一丸となって本気でサステナブル経営の実践に向けて覚悟を持つことが必要とされる。

　また、自社の主要となる重点的な原材料となる資源を巡り、調達を通じて自然環境や働く人々への影響力が大きいと言える。ビジネスに取り組むうえで対外的なインパクトの大きさを考慮すると、遅かれ早かれ取り組みが必須になると言えよう。

　2つめの「自社製品の梱包・副資材などに関わる調達」は、本業で使用する原材料ではなく、その梱包や副資材など、企業間（BtoB）や消費者へ提供する商品に関係するものだ。たとえば、繊維・アパレルメーカーが、その洋服やタオルなどを販売する際に、商品の素材をオーガニックコットンやリサイクル、フェアウッド素材、染色の薬剤や助剤などに配慮した場合は①になる。そのうえで、商品の輸送時に使う段ボールや商品の下げ札の紙、包装紙や買物の際に使用する紙袋など、その商品に付随するパッケージや販売時などの素材を森林認証紙にすることは②になる。

　さらに、飲食店で考えると、サステナブル・シーフード（水産資源や環境に配慮し、適切に管理された魚や魚介類）を使用した食材やサステナブルな配慮がされた素材が中心の料理は①となる。箸やお弁当箱、店内で使用するテーブル、内装、お手拭きなども環境配慮の素材を選ぶ場合は②になる。段ボールやパッケージ、箸などを提供している企業からすると、彼らの本業に関わるサステナブル調達の実践なので、①に取り組んでいると言えよう。

　3つめの「自社で消費する物品などの調達」は、販売を目的にはせず、自社内で使用する製品などである。たとえば、従業員が使用する物品・備品、社員食堂の食材、事務所の内装、家具、エネルギーといった自社がサービスを提供する側ではなく、使用する側での社内でのサステナブル調達である。コピー用紙、紙袋などの文房具やトイレットペーパーなどの備品を揃えるときにFSC認証を取得しているものや再生紙を使う、社員食堂があれば、そこで提供する食材、コーヒー、紅茶、お菓子などをサステナブルなものにするなどの取り組みである。

　たとえば、「A：パッケージ会社の生産性紙工」「B：食品原料会社」「C：山口食品」で考えてみる。Aは認証のパッケージを自社で製造し、Cの

山口食品に販売・納品している。Bの食品原料会社も、認証食品の原料をCの山口食品へ販売・納品している。Cの山口食品の主力商品は当然ながら食品なので、Bの食品原料会社から購入した認証原材料を使用し、消費者向けの認証食品を製造している。

その認証食品を包むパッケージは、Aの生産性紙工から購入したものを使用。認証食材の食品を認証パッケージで販売している。この場合、Cの山口食品からすると、①の自社製品における主な原材料に関わる調達も、②の副資材も認証で実施していることになる。もし、食品自体がBの食品原料会社から認証原材料を使用し、認証食品でない場合は、パッケージのみ認証のあるものを使用しているため、②のみを実施したことになる。

また、Cの山口食品は、社員食堂でサステナブルな商品を使用することにも取り組んでいる。たとえば、サステナブル・シーフードのMSC、ASC（Aquaculture Stewardship Council／水産養殖管理協議会）の水産物を使用したり、国際フェアトレード認証のコーヒーを社員やお客様が味わえるように用意し、社内で使用する紙類はFSCを基本にしている。MSCやASCの食材を使用する場合は購入だけならともかく、認証が必要になる場合もあるため、ケースバイケースである。

本来、サステナブル調達は、①の自社製品が対象となる。しかし、俯瞰的に調達のあり方をとらえ、地球環境や人権をはじめとする社会的課題への配慮を、外側にある外部課題としてではなく、当事者意識を持ちながら自社の経営に内部化し、全社員を巻き込みながら実践していくには、②や③の側面にも着目してできることからチャレンジし、それぞれの意識を変えていくことが大切だ。

では、実際にサステナブル調達を推進するには、どのような手順・ステップが必要なのだろうか。組織の形態により、さまざまなアプローチがあるが、人材不足などの点からも中小零細企業に専任の担当者をつけることはむずかしく、経営者自身が兼任せざるをえないためハードルが高いかもしれない。そのため現時点では、主に上場企業、大手、グローバル企業を意識した取り組みとなるが、参考までにサステナブル経営の

視点にたって、ポイントを整理すると、次の項目が挙げられる。

　①**中長期目標の設定**──サステナビリティ推進にあたり、大きな目標でもいいので中長期目標を設定し、進捗と照らし合わせながら進める。その際に、経営方針と連動させて、目標項目や数値設定を行うことも重要であろう。

　②**調達方針を策定**──従来の調達における、納期、コスト、量などの基本要件とは別に、法令の遵守、環境、人権、労働、腐敗防止、多様性など、サステナビリティに関わる項目の方針を策定。その際に特に重点におくべき項目も検討するとよい。

　③**サステナブル調達の推進体制を構築**──サステナブル調達を組織的に推進するためには、経営層からサステナビリティ部門における推進体制の検討、その先に関係部署、従業員など、社内体制を構築することが大切である。特にサステナビリティ部門と連動して調達部門、品質保証部門、商品開発、さらに各部署で意思決定権のある幹部も加わり、検討する。マーチャンダイザー（MD）や企業の未来を担う誰もが、自ら意思決定にも参加しながら推進体制を構築していくのも効果的である。

　④**サステナブル調達のガイドラインなどを策定**──調達方針に沿って、サステナブル調達のガイドラインなどを策定する。法令遵守、人権、環境、生物多様性など、具体的に項目を洗い出し、道筋を策定することで、実行への架け橋になる。状況や社会情勢、取引先との情報共有や情報収集も活かし、作成したガイドラインは随時アップデートする。完璧を目指さなくても、その道筋がわかることでガイドラインが機能していく。その際に項目を具体化する中で、対象の原材料や製品に対して認証がある場合は、活用することも想定できる。

　⑤**取引先への要求事項の明文化**──取引先へ説明会を開くなど共有化を図る。同意書や契約書の署名を求めることもあるだろう。調達方針、ガイドラインなどをもとに、要求事項を明文化し、より具体的にコミュニケーションできるものを用意することで、自社が何を求めているのかを伝える。

⑥**取引先の評価・選定**——ガイドラインや要求事項など、取り決めた項目に沿って、取引先のリスク・アセスメントを実施する。自己評価シートを作成し、記入してもらったり、自社で評価する場合もある。また、違反やリスクの度合いなど取り組み状況を評価し、必要であれば是正を求めるか、契約を見直す検討をする。すでに、CSR調達（CSRの視点で評価した取引先からの調達）を行っているならば、その内容と連動して検討。

⑦**監査・モニタリング**——ガイドラインや要求事項など、取り決めた項目に沿って評価シートなどを作成し、記載事項が取引先で実際に実践されているかを確認する。また、改善要望があった場合に、改善や是正などが実践されているか、監査やモニタリングも実施する。自社で行う2社の監査、第三者認証審査機関などに協力を仰ぎ、取引先の評価を実施してもらうなど手法はさまざまである。いずれにしても、緊密な連携をとりながら、継続的に実施することが重要となる。

⑧**利害関係者への周知・教育・連携**—— 一方的に要望を突きつけても、本質的な改善やサステナビリティは浸透しない。継続的に各部門、従業員、取引先など、利害関係者への周知と、情報のアップデート、教育の機会を持ちながら、伴走していける体制と姿勢が鍵になる。どんな課題があるのかの認識、なぜ自社がこの取り組みを行うのか、サステナブル調達を実践しようとしているのか、後述する第三者認証などを活用する場合、その分野の課題と認証がどのようなものなのかを共有することも大切である。

　8つのステップを紹介したが、誰が、どのように進めるのか。このステップを踏むことで社内の理解は進むのか。責任の所在の押し付け合いが発生しないのか。さまざまな懸念もあることだろう。

　私が国際認証制度の導入についての相談を受けたときに、頻繁に聞く話として、「取引先から要求されたから国際認証の取得を考えている」「情報開示や外部からの声が厳しくなってきているから、応えなければと思っている」という声から、「社長の独断ではじめることになったけれど、何だか大変そう」「ただでさえ忙しいのに、こんなお金も手間もかかり

そうな新たなことをする必要あるの？」など、消極的な声まで聞く。このように立場や担当している仕事の内容や負担によって主張も異なってくる。

　ただ、認証制度の導入に積極的な人も、そうでない人からも、共通して言われるのが、「サステナブル調達ってむずかしい」ということである。その気持ちもわかる。先ほど、「サプライチェーンを把握し、トレーサビリティのしくみを取り入れていれば、サプライチェーンの上流までたどり着くことは不可能なことではない」と述べたが、事業の中心となる製品・商品の素材すべてを把握し、原材料の上流にある調達先からサプライチェーンに関わるすべての事業者を指定することは、現実的に容易ではないときもある。

　地政学的リスクや災害リスクもあるためである。そのため真摯にこのプロセスの健全化に向き合おうとすればするほど、どこから手をつけたらいいのか、経営者あるいは経営陣として、または、サステナブル調達業務の担当者として途方に暮れることもあるかもしれない。

　たとえばメーカーであれば、製造の部品やその原材料はサプライヤーから購入するが、素材、数量、金額、納期などは、製品化するうえで品質や安全性など最低限クリアしなければならない条件がある。

　しかも複数の原材料を扱うのであれば、1つずつ品質や安全性の確認をしなければならず、その工程数が増えていくことは確かだ。そのチェックポイントが膨大になることは業務が増えることであり、そのための投資も必要となる。

　内部留保を持ち、経営体質そのものが健全で、積極的な投資ができる体力のある企業であればいい。だが、経営やビジネスに関してのリスク、政治・経済・社会的なリスクなど、さまざまなリスクのある社会の中にあって経営が順調なところばかりではない。いや、余裕のないところのほうが多いとも言える。

　このように企業の体力はそれぞれで、そう考えるとサプライチェーンをガラス張りにしていくことの現実味が失せていく。だが、個別企業の現状に目を向けて、「これは自社でも対応できる」「これは自社の体力で

はむずかしい」などという、ミクロな視点寄りのことばかりを言っては
いられない。すでに地球規模での状況悪化がはじまっている。

　いずれにせよ、こうした現実に向き合うことを後回しにし、課題を放
置すれば、環境破壊はますます進み、人権への配慮に欠ける社会的な課
題も増えるばかりだ。脅すつもりはないが、必ず将来どこかのタイミン
グで、自らの首を絞めることになるようなリスクがブーメランのように
返ってくるだろう。

　だからこそ、マクロ的な視点で環境破壊や人権問題などに立ち向かい、
そこから生まれるリスクを少しでも軽減するためにサステナブル経営が
求められているわけであり、サステナブル調達が必須なのである。

　業態にもよるが、社内の理解とおのおのの専門知識、業界の動き、俯
瞰した判断など、それまで必要とされていなかった部分もあり、学びな
がら進めている企業も少なくない。そのためには、自社がサプライチェ
ーンのプロセスについてすべてを把握することを目的にするのではなく、
その理想に向けて少しずつ取り組んでいくことを目標にしてもらいたい。
まずは最初の一歩を踏み出す勇気を持つことが大事なのである。

4　各国が優先して向き合うべき人権リスク

　このようにサステナブル経営に舵を切るタイミングが、「いまである
こと」を散々、強調してきた。それは世界的な流れとして、「サステナ
ビリティ情報開示」を法規制化する動きが加速しているからだ。さらに、
グローバルな潮流として、デュー・ディリジェンス（Due Diligence）が
求められていることもその背景にある。デュー・ディリジェンスとは、「適
正な評価手続き」という意味で、実際に、世界各国の政府は人権・環境
についての評価や透明性の確保のために積極的に動きはじめている現状
もある（図表2-5）。

　具体的に「人権デュー・ディリジェンス」とは、企業活動がステーク
ホルダー（利害関係者）の人権におよぼす負の影響（人権リスク）を調査・

図表2-5　人権デュー・ディリジェンスの動き

サステナビリティに向けた動きとして、
原材料からサプライチェーン、人権、環境への対応が急務に

デュー・ディリジェンス（DD）プロセスの情報開示や実施を法制化する動きが広がる

国	法令名（施行年）
米国	加州サプライチェーン透明法（2012）米国貿易円滑化・貿易執行法（2015）ウイグル強制労働防止法（2022）
EU	非財務情報開示指令（2014）コーポレート・サステナビリティ・デューデリジェンス指令（案）（2023）
英国	英国現代奴隷法（2015）
ドイツ	人権デュー・ディリジェンス法案（2023）
フランス	企業注意義務法（2017）
豪州	現代奴隷法（2019）
オランダ	児童労働デュー・ディリジェンス法（2019）
日本	ガイドライン公表（法令ではない）（2022～）

経済産業省：責任あるサプライチェーン等における人権尊重のためのガイドライン（2022年9月）
　　　　　　責任あるサプライチェーン等における人権尊重のための実務参照資料（2023年4月公表）
環境省：環境デュー・ディリジェンスに関するハンドブック（2023年5月公表）

※外国人技能実習生や新疆ウイグル自治区のなどの課題もあり、海外はもとより日本でも人権配慮が加速している

評価し、それを予防、軽減、是正する一連のプロセスのことを示すことだが、この評価手続きが注目されたきっかけは、2011年に国連人権理事会における「ビジネスと人権に関する指導原則」（The UN Guiding Principles on Business and Human Rights）」（以下「指導原則」）の承認であろう。

　指導原則では、人権を尊重する企業の責任として、人権デュー・ディリジェンスの継続的な実施を求めており、欧州を中心に人権デュー・ディリジェンスを法制化する動きが広がった。現在、国ごとにビジネスと人権に関する国別行動計画が作成され、法制度化されている。

▶ 求められるサステナビリティへの情報開示とエビデンス

　日本政府においても、経済産業省では「責任あるサプライチェーンなどにおける人権尊重のためのガイドライン」（2022年9月）、「責任ある

サプライチェーン等における人権尊重のための実務参照資料」（2023年4月）を公表、環境省でも「環境デュー・ディリジェンスに関するハンドブック」（2023年5月）を公表し、民間での対応を促している。

　気候危機に対しても、第1章で触れたがTCFD（＊1）によって、企業の気候変動への取り組みや影響に関する財務情報についての開示のための枠組みが動きはじめている。

　さらに、エピローグでも少し触れるが、生物多様性に対してTNFD（Taskforce on Nature-related Financial Disclosures／自然関連財務情報開示タスクフォース）も動きはじめ、加速度的に企業のサステナビリティ分野における情報開示やコミットメントが、国際的に求められている。

　また、IFRS財団によって設立されたISSB（International Sustainability Standards Board／国際サステナビリティ基準審議会）では、社会課題に関連する開示の枠組みを開発し、タスクフォース（＊2）の統合をはかり、TIFD（Task Force on Inequality-related Financial Disclosures／不平等関連財務情報開示タスクフォース）とTSFD（Task Force on Social-related Financial Disclosures／社会関連財務情報開示タスクフォース）との統合化に向けて、設立準備組織ができた。

　このように、サステナブル経営の情報開示が加速する中、自社からサプライチェーンの上流に至る原材料調達から、サステナブル経営の本格化が急務となっている。それを後押しするようにイギリスでは、環境保護法2021に「森林リスクコモディティのデュー・ディリジェンスの大企業に対する義務化」が追加された。牛肉、カカオ、革、パーム油、ゴム、大豆などが対象となり、年次報告が必要で、違反者には民事制裁および罰金刑が課せられる。

　EUでは「企業持続可能性デュー・ディリジェンス指令案」によって、人権および環境に関するデュー・ディリジェンスを義務化する指令案を公表。さらに、EUDR（＊3）では、欧州グリーン・ディール（＊4）の新戦略として、パーム油、牛、木、コーヒー、カカオ、ゴム、大豆が対象品

目として対応が必須となった。今後は、すべての企業が対象となり、違反には、欧州における売上の最低でも4％以上の罰金や公共調達の取引停止などの厳しい罰則となっている。

また、サステナブル・エシカル・エコなどと謳う製品には、GCD（Green Claims Directive／グリーン・クレーム指令案）」も登場した。欧州理事会にて、一般的な環境主張の禁止が含まれた。目的は、グリーンウォッシング（＊5）から消費者を保護することであり、特にエコやグリーン、サステナブルだと主張する場合には、明確なエビデンスなし主張することは、消費者が誤った情報を受け取るリスクがある。ラベルの信頼性などがより求められる傾向にある。

OECD（The Organization for Economic Co-operation and Development／経済協力開発機構）の「OECD多国籍企業行動指針」から、国連「ビジネスと人権に関する指導原則」を発端に、企業行動による悪影響を特定・防止・軽減する手段として、デュー・ディリジェンスが進む中、日本企業の対応が遅れをなすことなく、いま動かなければならない緊張感を持った時代に入ってきている。

（＊1）Task Force on Climate-Related Financial Disclosures：気候変動関連財務情報開示タスクフォース
（＊2）緊急性の高い問題解決などのために一時的に構成されたチームのこと
（＊3）EU Deforestation Regulation：EU森林減少フリー製品に関する規則
（＊4）環境政策を含む欧州経済社会の構造転換を図る新経済成長戦力
（＊5）消費者に誤解を招く表現を用いてエコをイメージさせるビジネス戦略

第 3 章

世界でも通用する
「国際認証のしくみ」
を知る

企業が「認証」を取得する
意味とは何か

1 サステナブル認証は「3分類」できる

　サステナブルな世界を目指し実現させるためには、行政、企業はもちろんのこと、個人も意識的に、課題解決にすみやかに取り組んでいかなければならない。第1章と第2章では、私たちが暮らす地球は、急激に負の変化が起こりはじめる「転換点」を超えつつあり、課題解決策を示すことに関して、"待ったなし"の状況に立たされていることを述べてきた。

　そして実際に、企業だけでなく行政も民間の組織も、それぞれの立場でさまざまな環境の改善に向けたアプローチやチャレンジをしている。そんな取り組みの1つに、認証制度とラベルの活用がある。

　認証制度とは、読んで字のごとく、何かを「認め、証明すること」だ。ここでは、持続可能な責任ある調達が実践され、そのサプライチェーンにおいても環境問題と社会的課題を回避し、消費者に確かな製品を届けることを認証している制度と、その証としてのラベルを紹介していこう。

　さて、ここで紹介するサステナビリティに関する認証制度は、主に「第三者認証」となるが、認証と呼ばれるものは、性質上大きく分けて3種類ある（図表3-1）。

①**第一者認証**——任意の規格などに対し、当事者が自ら確認し、主張する自己認証である。定められた要件を満たしているか、自ら確認して宣言（＊1）するもの。
②**第二者認証**——取引先や事業者同士などによって要求事項などを満たしているか、確認するもの。
③**第三者認証**—— 一般的に「認証」と言われるものは、第三者による適合性評価のことである。認証を取得しようとする当事者に、利害関係のない第三者の認証機関によって適合性評価（＊2）の確認がなされ、認証が与えられる制度である。

これらの承認のあり方によって、社会的な信頼性・透明性が担保されることにつながる。

（＊1）自ら製品やサービスの環境配慮など、要件を満たしていることを「満たしています」と、自己主張・宣言すること。
（＊2）製品やサービス、プロセスを規格や基準に基づいて評価すること。

図表3-1　3分類できる認証制度

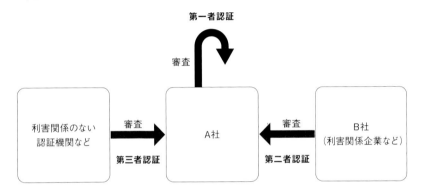

第一者認証：組織の経営者の依頼で行う審査・監査による認証
第二者認証：利害関係者（取引先やグループ会社など）の依頼で行う審査・監査による認証
第三者認証：利害関係のない認証機関などの審査・監査による認定・認証

　まず、認証は1980年代に国際標準化機構（ISO）や各国が独自の品質保証に関する規格として発表され、主にマネジメントシステムについての規格と、その適合性評価が現在の認証制度につながっている。さらに、1992年の地球サミット以降、企業による環境破壊や労働者への人権問題などが叫ばれるようになり、欧米などでは各分野の評価で信頼のおけるものは何かということが議論され、お墨付きをもらい、自発的な認証が次々とリリースされていった。

　民間主導型としては、1990年代に日本で普及して広く知られるようになった環境マネジメントシステムのISO14001、品質のISO9001など、

管理体制・マネジメントのシステムを主に審査する認証がある。

　ISOや環境エコアクション21（環境省が定めた環境経営システムに関する第三者認証・登録制度のこと）などの環境を中心としたEMS認証（Environmental Management System／環境マネジメントシステム）は、企業のマネジメント、管理体制がどのように整っているかを主眼としているが、その企業が取り扱う製品について裏付けやトレーサビリティを追う認証ではない。

　それに対して主に民間主導で、各産業界が取り扱う製品の原材料の調達から、最終製品に至るまでのトレーサビリティを確認し、持続可能性が担保された確かな調達やモノづくりが実施されているかどうかを検証する認証制度が台頭してきた。NGOと企業などがパートナーシップを組んで成り立ってきた認証、産業界から誕生した認証など、設立経緯はおのおの異なる。

　認証制度の審査や確認方法はさまざまで、書類の確認だけなのか、事業者や現地へ立ち入る審査なのか、審査の頻度はどの程度などかということも含め、ひとことに認証と言っても濃淡がある。そして、品質を保証している認証なのか、マネジメントシステムが中心の認証なのか、製品のトレーサビリティを含めた認証なのかなど、その内容も多種多様だ。このように多くの基準や制度が存在し、ラベルも多くあることから、何を拠りどころとして、信頼のおける認証・ラベルなのかを見極めればいいのか、ということが問われてきたのも事実だ。

　そこで、その調達や製造過程において懸念されている環境・社会的課題を洗い出し、その課題をクリアするにはどのような配慮が必要かを「基準」という形でまとめた。また、それをもとに第三者が取り組み内容を確認し、基準にあっていれば認め、証明していく認証制度が普及していった。

　ちなみに認証とラベルの関係だが、基本的には認証を取得した事業者が生産・製造し、出荷される製品が認証原材料・製品であり、その確かな認証原材料・製品にのみ、ラベルを付けることができるしくみである。つまり、認証制度として運用されていても、必ずしもラベルがともなっ

て付いているかは、その限りではない。

　原材料によって、その認証制度の誕生のきっかけや時期、運営方法などに違いがあるものの、「第三者による認証」「持続可能な原材料調達」「環境社会的配慮につながる」という共通項を持つ制度を国際認証制度、サステナブル・ラベルと称し、本書では紹介していくことにする。

▶ 国際認証には7つのプレイヤーが存在する

　最初に、国際認証の「第三者による認証」という共通点を見ていこう。この第三者認証には、認証の基準を策定・認証ルールを有するスキームオーナー、認証機関、認証取得者、認証機関を認定する認定機関があり、実際の運用側面から主に7つのプレイヤーがおり、その存在を分けて説明されることが多い（図表3-2）。具体的には、

① スキームオーナー──基準策定・認証ルール設定、ラベルの管理など。
② 認定機関──スキームオーナーの要件を満たした認証機関を認定する機関のこと。
③ 認証機関──事業者を直接審査・認証する機関のこと。
④ 認証取得生産者──主に原材料に関わる事業者のこと。
⑤ 認証取得事業者──加工流通過程・CoC（Chain of Custody／管理の連鎖）・サプライチェーンに関わる事業者のこと。
⑥ 小売・販売──認証製品を製造せず販売する事業者のこと。
　※基本的には認証取得の必要はないが、プロモーションに関する手続きなど、商標使用に関してのルールがある。
⑦ 専門家・NGO・消費者──基準や運用に対し、意見を出したり、認証製品を購入する消費者など。

　それぞれの基準を有する認証制度のおおもととなる組織を「スキームオーナー」と呼ぶ（①）。スキームオーナーは、その基準や範囲、ラベルを定め、管理するのが仕事だ。その定められた基準をもとに、スキームオーナーが定めた認定機関（②）が、第三者の認証機関（③）を定める。

図表3-2　第三者認証の「７つのプレイヤーたち」

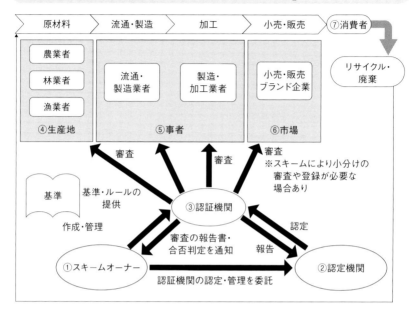

認定機関は認証機関に対し、適正な審査が行われているか、審査員の質からトレーニング状況、事業者への審査の透明性・信頼性などが確認され、認定される。そして、認定を受けた第三者の認証機関が、審査・認証の実務を行う。

　認証取得側の生産者や事業者（④、⑤）は、定められた基準に則った管理体制や認証原材料と認証されていない原材料とが混ざらないように管理されているか。環境的側面や労働条件などの社会面に至るまで審査されることもあり、認証書がその事業者に発行される。こうして認証取得者が生産したものが、認証製品として取引され、認証ラベル（サステナブル・ラベル）が商品につけられ、市場に出て（⑥）、消費者（⑦）がそのラベルを確認し、選択したうえで、購入へとつながっていく。

　認証の基準も数年ごとに改定がなされ、その際に、新たなバージョンの基準案について、広く公に意見を求めるパブリックコメントなどが実施される。専門家やNGO、消費者（⑦）も含めたステークホルダーから

の意見を反映しつつ、時代に合わせて変化させていく。また、認証取得後も審査は1年に1回行われるケースがほとんどで、定期的な審査のほか、認証の更新など継続的な運用と改善が必要となる。

2 第三者の認証で「信頼性」「透明性」が担保される強みとは？

「認証とは何か」「サステナブル・ラベルとは何か」についての詳細は7章でも触れるが、先に簡単に紹介しておこう。サステナブル・ラベルは、事業者の視点からすると、「サステナブル調達の実践者であることの証」となり、消費者の視点からすると、「買い物をするときの選択の目安」になる。

消費者がサステナブル・ラベルの有無を意識して買い物をすることは、サステナブル経営を実践する事業者を応援することになり、間接的に地球環境や社会問題に対するアクションを起こすことにつながっていく。

本書では、認証については、私が代表を務める一般社団法人日本サステナブル・ラベル協会（JSL）で関わっている中で主に、8つのサステナブル・ラベルを紹介する。どれも私が信頼を寄せている、国際認証とサステナブル・ラベルである。まずはラベルをご覧いただきたい（図表3-3）。

図表3-3　8つのサステナブル・ラベル

FSC®ラベル

レインフォレスト・アライアンス認証マーク

有機JASマーク

MSC「海のエコラベル」

国際フェアトレード認証ラベル

ASC ラベル

GOTS（Global Organic Textile Standard）

RSPO

日本国内でも、これらのラベルのついた製品は随分と普及してきているので、どこかで目にしたことがあるのではないか。あるいはすでに、このラベルを目印として買い物をしている方も多いかもしれない。

　もちろん、サステナビリティに関するラベルは、この限りではない。世界中に300種類以上、さらには企業独自の設定ラベルまで含めると、数えきれないほどのラベルがある。その中でも、「持続可能な原材料調達や環境・社会的配慮につながる国際認証ラベル」を事例として紹介している。

　ちなみに、なぜ「国際」とつけているのか。これに関しては正確な定義はないものの、国をまたぐ形で取引がなされる場合、商取引の中では共通の基準や理解があったほうがスムーズになるということがある。そこで本書では国際的に、ある程度認められているもの、特に各業界における認証に対するベンチマークや専門家・NGOの判断なども含め、信頼性・透明性が高いと判断され、2カ国以上で用いられたり、取引で利用される認証に対して「国際認証」とする。

　国際認証は、基準を策定し、ラベルを運用しているスキームオーナーが主軸となっていることは前述のとおりだが、これらのスキームオーナーは、社会的な背景や課題意識も異なり、しくみができた時期も異なる。そのため団体は当然ながら、設立背景や目的、利害関係もばらばらである。

　とは言え、共通点も多い。たとえば、第三者の立場である認証機関の審査員が現地（生産者・事業者）を訪問し、それぞれの基準に合致しているかを確認する。さらに、認証を取得した事業者が認証製品を製造・加工する過程において事業者間の取引の際に、認証原材料や製品が、認証取得者同士で取引され、確実に認証製品が売買される必要がある。その結果、各チェーンがつながるためラベル付き製品が消費者の手に渡ることになる。

　つまり、繰り返すが、第2章で説明した「サプライチェーン」のすべての工程において、その基準を満たしていなければ、国際認証は取得できないわけだ。逆を言えば、国際認証を取得している企業は、その基準

を満たした経営がされ、認証製品は、そのトレーサビリティを追わずとも、「サステナブル調達」が実践されているという証明になる。では、国際認証がサステナブル調達の担保になるという透明性と信頼性は、どのような内容なのだろうか。

　認証には、多くのステークホルダーが関与していて、それぞれの立場で関わり方や影響力が異なるものの基盤となるところでは共通要素が多い。この8つの要素は国際認証制度の特徴であり、強みの一部であるとも言えるだろう（図表3-4）。

図表3-4　国際認証制度の特徴と強み

1. 世界共通の基準の採用

2. 自然環境と生物多様性の保護に貢献

3. 人権・地域社会に配慮

4. 科学的根拠・客観的証拠に基づいた審査

5. 国際ガイドラインに準拠

6. 多様な利害関係者の意見を反映

7. 審査過程の高い透明性

8. 認証製品のトレーサビリティを確保

第三者が審査・確認しているという信頼性・透明性

　それぞれの項目について、くわしく見ていこう。

　①世界共通の基準の採用——基準策定にあたり、各分野の専門家や関係者、また、環境・社会・経済といった分野での有識者や世界中のステークホルダー（利害関係者）の意見を反映して策定される。さらに各国

の状況を踏まえ、可能な限り大きな違いが生じないように、調整のうえ基準が採用される。その結果、世界共通の基準として運用される。

②**自然環境と生物多様性の保護に貢献**──認証取得後、どのような影響や改善が見られているか。モニタリングが実施されたり、毎年、審査時に改善の度合いも計られ、認証取得側の自然環境や生物多様性の保護に貢献している具体的な結果なども発表もされている。

③**人権・地域社会に配慮**──森・海といった地球の自然環境が保全の主目的にあっても、産業として人が関わる以上、そこで働く人々や地域社会との関係は切り離せない。従業員がどのような労働環境なのか、児童労働などはないか、環境や地域の人々へ配慮がなされた経営が実施されているかなど、人権や地域社会に対する配慮もされている。

④**科学的根拠・客観的証拠に基づいた審査**──審査は、特に原材料調達に近ければ近いほど、その影響について科学的根拠が必要になる。種はどれくらいなのか、その生物多様性への配慮と事業による悪影響や変化はないか、科学的かつ客観的に、大学や行政、研究所などの数年の数値結果なども参照されたり、要件を満たしているか、分析結果となるSDS（Safety Data Sheet／安全データシート）が必要になることもある。

また、各分野の専門性を持った審査員が審査時にサンプルを分析したり、認証によっては、認定機関が市場から商品を購入して分析・確認を行い、認められていない成分が含まれていないかを確認することもある。認証製品に対して、必ずしも日々の全量検査ではないものの、科学的・客観的証拠が必要とされる。

⑤**国際ガイドラインに準拠**──それぞれの業界が定めるガイドライン、ベンチマークなどがあるが、基準の内容と審査のプロセスなどを含めて、国際的な機関との関係も意識されている。FAO（Food and Agriculture Organization of the United Nations／国際連合食糧農業機関）をはじめ、その業界で必要とされるガイドラインなどに準拠していたり、ベンチマークで承認されることで、一定の信頼性が外部からの評価でも確認できる。

⑥**多様な利害関係者の意見を反映**──多様なステークホルダーがそこには存在すると述べてきたが、その意見は時にはぶつかることがあるだ

ろう。オープンな場でのラウンドテーブル（円卓会議）や、基準の策定段階や運用について、広くパブリックコメントなどで意見を集約したり反映しながら、定期的に内容の見直しが行われることも重要である。社会や情勢が変化していき、取り巻く環境や資源の枯渇状況、小規模な生産者への対応など、個々の課題に合わせて、認証も変化し続ける必要があり、そこには多様なステークホルダーの意見が重要となる。

　⑦審査過程の高い透明性——審査過程において、透明性の高さは欠かせない。審査員の要件も、誰もが簡単に審査できる世界ではなく、経歴（その分野に関係のある学歴、職歴など）、専門性の知識や経験、必要なトレーニングの受講とテストの合格、一度審査員になっても継続し続けるための要件も多々ある。

　このように審査をする側、審査後に判定される際の判定会議や判定員のスキル、いつ、どこで、誰が、どのように判断したのか、審査レポートやプロセスなども、必要に応じて開示される。また、どのような審査基準で審査が行われたのか、透明性が担保されることは、情報開示することが当たり前になりつつあるいま、押えておきたい大切な要素となっている。また、地域によっては汚職や賄賂、いいかげんな審査で認証が与えられていないか、監視の目も欠かせない。疑ってかかるのは、非常に寂しいことでもあるが、説明責任も合わせて透明性の確保は大きな意味を持つ。

　⑧認証製品のトレーサビリティを確保——認証製品は、その製造過程において、長い旅路を経て商品化される。その各段階においても、関係する事業者は審査を経て認証を取得し、認証製品として出荷することで、認証製品のバトンがつながる。

　逆に言えば、どこか１カ所でも認証を取得していない事業者が関与した場合、特別な措置以外（たとえば、外部委託先としての登録や、所有権を保持していないなど）、認証が途切れてしまい、トレーサビリティが確保できなくなる。何度か述べてきたように、認証製品として市場に出ている商品は、トレーサビリティを見える化していなくても、要件を満たしていることが確保されているわけだ。

国際認証を持っていれば、認証取得事業者自身が主張しなくても、製造プロセスや認証製品に対して透明性と信頼性を持っており、認証が基準とする世界観を伝えることが可能となる。

▶「加工・製造・貿易流通のチェーン」のつながりがわかるラベル

　では、国際認証とサステナブル・ラベルは、どのような関係性があるのか。一例として、GOTS（Global Organic Textile Standard／オーガニックテキスタイル世界基準）のケースを見てみよう。

　第7章でくわしく説明するが、GOTSは「繊維製品のサプライチェーン全体を対象とする、環境・人権・社会的要件を含むオーガニック繊維のための加工基準である。『繊維製品が正しくオーガニックである』という状況を確保する世界的なルールを定める認証」である。原料の70%以上が認証されたオーガニック繊維であること、加工が基準を満たした方法で行われていること、遺伝子組み替え技術を使用しないこと、搾取や差別のない労働条件であることなど、トレーサビリティと環境・社会的側面に配慮した基準が設けられている（図表3-5）。

図表3-5　GOTSのトレーサビリティと環境・社会の配慮

オーガニックテキスタイル世界基準
Global Organic Textile Standard（GOTS）

繊維製品のサプライチェーン全体が対象。環境・人権・社会的要件を含むオーガニック繊維のための加工基準

- ✓ ウールやコットン、絹などの原料繊維の70%以上がオーガニック繊維である
- ✓ 繊維の収穫〜加工〜製造〜流通のすべての過程において環境的・社会的に配慮した方法が実行され、一般製品との混合や汚染がないように管理をしている
- ✓ 衛生的で安全な労働環境、搾取や差別のない労働条件
- ✓ トレーサビリティが確保されている　など

トレーサビリティー＆環境・社会的側面を保証

「繊維製品が正しくオーガニックである」という状況を確保する世界的なルールを定めるための認証

「GOTS」資料をもとに著者が加工作成

その基準は加工、製造、貿易流通のすべてをカバーするチェーンがつながったときに、初めて認証製品となり、ラベルが発行される。たとえば、サプライチェーンの工程である紡績や製織などの工場では、オーガニック繊維だけを扱っているわけではない。その場合は、オーガニックとそうでないものとが混在しないように、工場内が整理整頓されていなければならない。このルールがきちんと基準に則しているかどうか、現場でのチェックが行われる。

このように国際認証制度のルールに基づいてチェーンがつながり、初めてラベルがつけられる。当然、ラベルは商標登録されており、どんな立場であれ、勝手にラベルを使ってはいけないという厳しいルールがあることは覚えておいてほしい。

3 消費者が安心できる企業活動の「見える化」とは？

ところで、あなたは朝起きてから寝るまで、どのような時間の過ごし方をし、衣食住に関してどういうこだわりを持ち、何を基準に商品を選んでいるだろうか。たとえば、朝食は何を食べたか？　その食材は？　サラダの野菜はどこが産地なのか？　どんな育てられ方をされているのか？　お米の生産地はどこか？　環境に配慮されたものか？　オーガニックか？　このように、自分が食べたり飲んだり、身につけたり、日常的に使うものに対して、どこまで意識的に注意を向けているのかを考えてみてほしい。

サステナブルやエシカルという言葉が一般的になってきたとは言え、食料品や日用品など身の回りのすべての商品に対して徹底的にこだわりを持って選択・購入しているという人の割合は、まだまだ少ないのが現実であろう。

理由としては、消費者である私たちが手にする商品の背景・ストーリーを知りたいと思っても、原産地まで容易にたどることができないことにある。ましてや消費者自身が企業へ直接、ヒアリングを行ったり、そ

の調達先をたどることは、現実的に不可能であるからだ。

　もし、できたとしても、莫大な消費者の時間とお金を費やすことになる。また、膨大な労力が必要になるためである。企業側からしてもサプライチェーンの機密情報が多い中で、情報開示にも限度があるだけでなく、忙しい業務を遂行しながら細かな対応に応じていくのはなかなか容易ではない。

　しかし、サステナブル・ラベル付きの認証製品が店頭に並んでいれば、サステナブル・ラベルが目印となって各々の基準を満たしていることが消費者にとって一目瞭然となる。消費者の代わりに審査機関が現地の確認をしている、という証明につながるからだ。スキームオーナーが策定した基準をもとに、認証機関などで事業者に対して審査が行われ、レポートや報告書を通じて、認証が付与される。認証取得者が製造した認証製品を次の事業者が購入し、加工・流通されて、認証製品が店頭に並ぶ。

　つまり、私たち消費者の代わりに、「基準」をもとに、原産地から加工流通過程が「確認」されているということは、そこに多くの人々や知恵が反映されていると言える。消費者の代わりに環境や社会的課題について、一定水準以上の改善もしくは対応をしていることになる。

　だが、国際認証の取得には、まとまった費用と人材と時間の確保が必要となる。そこまで投資をしてまで、国際認証を取得するメリットとは何なのだろう。

　まず、グローバルスタンダードになっている「サステナブル調達と経営」に、大きく舵を切るきっかけになることが挙げられる。経営の姿勢や理念を見直し、事業内容を検討し、サステナブルという抽象度の高い概念を基準に自社の業務に照らし合わせながら、具体的に落とし込んでいくことができるからだ。

　また、第三者の視点で評価を受けることは、対外的な企業評価を上げることにもつながる。企業が信頼される術の1つとして、自社のアピールを社員が行うこと以外に、外部からの評価や裏付けとなる根拠（エビデンス）を示すことがある。最近、ESG（環境：Environment、社会：Social、ガバナンス：Governance）への取り組みや気候変動、生物多様性、人権

の配慮に関して、企業がどのような考え方をしているのか、情報開示が求められることが多いが、その内容の提示は社会からの評価やレーティング（投資の判断材料を段階評価・格付け）へとつながる。そうした中で「国際認証」を取得していることは、自社の信頼に大いに役立つだろう。

さらに、グローバルに商取引を展開させたい場合の力強い味方になる。輸出をするときに、認証を取得していることが優位な条件になることが多いからだ。実際、取引先から国際認証取得を求められたことをきっかけに取り引きがはじまり、事業拡大のチャンスをつかんだというケースも増えている。人材育成においても、国際認証が定めた基準を満たすために社員が基本知識を学び、理解を深めれば、環境や人権に対する学びやサステナブル経営の重要さを深める好機となるだろう。

▶ 国際認証はサステナブルな社会を実現させる手段

近江商人の経営哲学に「三方良し」（買い手良し、売り手良し、世間良し）という考え方があるが、何代にもわたり事業を継続してきた歴史ある企業などは、時代の変わり目においても、この精神に加えてブレることなく守るべき技術・サービスを大切にし、事業展開をしてきた。

自分たちの理念やビジョンが明確で、それに基づいて戦略を組み立てている企業であれば、改めて「国際認証」を取得する必要性はないと思われる方もいるだろう。だから、社会と関わる中で自社独自のポリシーが明確であれば、「認証などは、なくてもいいのでは？」「認証も"認証ビジネス"で、誰かのお金儲けになっているのでは？」などの意見があるのも理解できる。

ここで主張したいのは、「国際認証取得がすべてではない」ということだ。なぜなら、国際認証取得が「ゴール」ではないからだ。

認証はいわばサステナブルな社会を目指す手段であり、多くの関係者が関与し、築き上げた有能なツールだとも言える。しかし、"魔法の杖"ではない。なぜならば、日常的にモニタリングしているわけではないからだ。認証機関がコンサルティングを実施することは、第三者の立場の公平性を厳密に保つうえでむずかしく、自らが自主的に動かなければ、

取得に取り組むことの意味をなさない。

　とは言え、国際認証取得のために全社一丸となって動くことは、自社に気づきをもたらす、絶好の機会にもなる。

　国際認証取得を検討しはじめるにあたり、自社の理念、目的、ビジョンなどを見直し、現時点で事業に取り組む中で、主な原材料として何を使用しているか。そのサービス内容で今後も企業は成長していけるのか。商品のラインナップを変更する必要はないのか。新たなサービスを考案する必要性はないのか。こうした社内での議論が十分に行われるに違いない。

　スキームオーナーが定める基準と自社の現状を照らし合わせながら、どのようなスタンスで事業を展開していくのが今後、環境や社会課題を解決することにつながるのか、考えるチャンスになる。自社の方針にしたがい、行動していくときに、ガイドラインを軸にサステナブル調達をしていくプロセスについて把握できているのか。さらに、コモディティ（商品）ごとにリスクや課題が違うことについても理解することにつながるだろう。地政学的な課題も含めて、自社に関係しそうな地域、資源、分野など、これらに関係しそうな認証との関わりを掘り下げていくことで、「そもそも認証が必要か否か」が問われるのである。

　サステナブル調達を実践したいけれど、該当する原材料や分野の認証が見当たらないということもあるかもしれない。また、グローバル企業の多くがサステナブル調達方針を掲げる中で、調達についてどのような配慮が行われているかと尋ねられる機会があるかもしれない。しかし、その際に大切なのは、相手側が求めている基準・認証が何かを知ることである。

　そして、立場によって認証を自ら取得する必要がある事業者と、取引先への要求や自社の調達方針に組み込む場合とがあることもわかってくるだろう。同じ認証でも、立場によって国際認証の取得のスタンスが微妙に異なるが、「誰のための何の認証なのか」「現在も未来も持続可能な事業を継続していけるのか」「自社、そして社会・地球との関係はバランスを保てるのか」という部分を掘り下げて考える機会となるのはまち

がいない。自社のみならず、サプライチェーン全体での関係性を構築し、実現に向かう側面もあるということだ。

　押さえておきたいのは、まさにこのプロセスにある。スキームオーナーが提示する基準と自社が目指すビジョンとを照らし合わせながら、掘り下げていくことが重要である。認証の基準は、未来を生きる子どもたちに引き渡さなければならず、サステナブルな世界観を表しているものだと痛感している。基準を参考にすれば、自社の点検が実施されるため「健康診断」のような機能も果たすこともある。国も企業も個人もこの世界観を共有するだけでも、大きな一歩になると確信している。

　サステナブルな社会も重要なツールになりうる国際認証も、まだまだ普及しきれておらず、発展途上という側面もある。同じ分野でさまざまな認証が乱立し、混乱するかもしれない。どれが信頼のおける認証として活用できるのか。本当に環境や社会課題解決に有効なのか。有効性の研究結果や改善報告もある中で、社会変革につなげていくためには、国際認証への理解は、さらに必要となるだろう。

第4章

行政・企業の「取り組み」と「サステナブル調達」最前線

国際認証の取得の現状と課題

1 ますます大切になる 「自然との共生」をどう考えるのか

　世界の人口が増え続けているのと反比例して、哺乳類、鳥類、爬虫類、両生類、魚類の個体群が約60％も減少していることや今後、数十年以内で「およそ100万種の生物が、この地球から絶滅する恐れがある」との報告がある。各産業による影響と自然との共生を考え直す必要もあるだろう。

　また、国際シンクタンクの「グローバル・フットプリント・ネットワーク、FA2022」というレポートによると、全世界の人々がアメリカと同じ暮らし方をした場合に「地球5個分」、日本と同じ暮らし方をしたら「地球2.9個分」が必要になる、とレポートされている。この結果を見て、経済中心の社会に地球が悲鳴を上げていることに気づいた行政や企業は、さまざまな取り組みをしている。

　具体的には、地球全体が健全な状況を保てるように、経済（経済を支える産業）、社会（人間の暮らし）、環境（自然と動植物）が上手に共存するにはどうしたらいいのかについて、向き合いはじめている。こうした課題を解決する糸口として、経済の循環を健全にするために企業経営と製品やサービスのあり方も見直し、その良し悪しを判断する指標として国際認証のしくみを取り入れる動きも活発だ。

　第4章では、経済活動の現状、そして課題や矛盾を業界（あるいは業種）ごとに示し、その解決に向けた取り組みの最前線も見ていきたい。

2 「ファストファッション」で向き合った 人権問題

　暮らしに必要不可欠な「衣食住」。まずは、その「衣」を取り扱う繊維・アパレル業界から見ていくことにしよう。

ここ数年、繊維・アパレルの仕事に携わる人たちから、「サステナブルファッション」という言葉を聞くことが増えた。サステナブルファッションとは、「服の生産から着用、廃棄に至るプロセスで将来にわたり持続可能であることを目指し、生態系を含む地球環境や関わる人、社会に配慮した取り組みのこと」（環境省のホームページより）とある。

　モノを大事にして長く愛用することを前提に、必要がなくなったときに服を捨てるのではなく、リサイクルしたり、リユースすることを考える活動で、こうした購買の考え方に賛同する消費者も増えてきている。

　ファストファッションに代表されるように、それまでは流行のデザインやカラーを取り入れた手ごろな価格で、おしゃれな服が重宝されていたころがあった。大量生産した商品を世界中で展開し、短期間で売りさばいて、次の商品生産へ移行するというビジネスモデルだが、2013年にバングラデシュで起きたラナプラザ崩落事故以降、「繊維・アパレル業界のあり方」を問う動きが加速した。その中で、デザイナーのキャリー・ソマーズとオルソラ・デ・カストロが登場した。

　地球環境や人権（労働者）保護の大切さを訴えた彼女たちは、繊維・アパレルの仕事に従事するすべての人たちに、その配慮が必要であるとする「ファッションレボリューション」を提言。「企業の利益よりも環境保護とその回復を目指すことがファッション業界には求められる」と主張し、世界各国の人たちから共感され、その運動は広がりを見せた。

　その後、国内でもエシカルファッションの機運の高まりやCO_2の排出量がファッション産業の原材料調達・製造段階で90％を占めていることを環境省が中心となって発表し、NGO、企業間の連携が加速。以前より志のある企業の取り組みはオーガニック、サステナブル視点で行われていたが、さらに広がりを見せている。では、こうした業界には、今後、どのような環境配慮が必要とされるのだろうか。

　コットンを事例に説明するが、コットンの生産現場が抱える課題は多い。まずは、水不足、水質汚染問題などが挙げられる。綿花が原材料となるコットンの栽培には大量の水が必要だが、綿花を栽培するインドや中央アジアなどでは、過剰な水利用により川や湖沼の水位が低下してい

る。水不足で大地が干上がっているところもある。

　また、海外の生産地では、労働者の貧困も問題だ。綿花の生産地では、種や農薬を調達するために借金をせざるをえない場合があり、返済ができずに自殺する人たちがあとを絶たないと聞く。

　さらに、児童労働の問題もある。家族の生活を支えるために子どもたちたちは学校へ行かず、綿花栽培地で朝から日が暮れるまで働く場合もある。以前、私が仕事の関係でインドを訪れたときに、綿花栽培地で受粉作業を行う子どもたちが、炎天下で仕事をしていた。
「畑で1日中、作業をするのは大変じゃないの？」と、ある少女に尋ねると、「弟を学校に通わせたいし、植物は好きだから大丈夫」と答えてくれた。健気な姉の発言と、未来への期待が見てとれない表情にいたたまれない気持ちになったが、その子どもたちは手にした綿花がいくらで売られているのかは知らない。綿花の売価づけが買い手主導のため、懸命に働き続けても豊かな生活にはほど遠い。

　課題はこうした児童労働、長時間労働の強要など、人権侵害だけにはとどまらない。たとえば、「過剰な農薬や化学肥料・殺虫剤などの使用による健康被害」「適切な環境設備や排水処理などが不十分なことによる環境の悪化」なども進む。

　では、コットンの原産地で起こっている課題の解決には、綿花を仕入れて製品化するメーカーや商社などの事業者などに今後、どのような視点が求められるのだろうか。

・繊維の素材の環境配慮（オーガニック・リサイクルなどのサステナブル素材）をする。

・水・エネルギーなどの使用を削減する。

・適切な染料・助剤の使用や、毒性のある薬剤を不使用にする。

・労働環境の安全性（衛生的・安全など）を守る。

・人権配慮（児童労働・強制労働などの禁止）をする。

・トレーサビリティの把握をする。

などが考えられる。

▶ 取り組みの見える化を掲げ、84カ国で展開する「GOTS」

　このように繊維・アパレルの課題解決に向けて、さまざまな取り組みが行われている。その中で繊維の代表的な国際認証に先にあげたGOTSがある。オーガニックの繊維を中心に、取り組みの見える化と健全化に向けて取り組む認証制度の1つである。

　GOTSの認証範囲は綿花の場合、ジニング（収穫したコットンは、種がついており、その種と繊維を分離する作業）から小売までにおよぶ。つまり、ジニング業者、紡績、染色製造加工業者、裁断縫製仕上げ業者、流通業（貿易業)者などが、GOTS認証の申請ができる。

⏱️15秒で 「GOTS」の大わくを知る

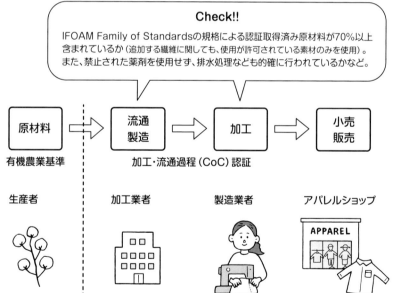

Check!!

IFOAM Family of Standardsの規格による認証取得済み原材料が70%以上含まれているか（追加する繊維に関しても、使用が許可されている素材のみを使用）。また、禁止された薬剤を使用せず、排水処理なども的確に行われているかなど。

| 原材料 | 流通 製造 | 加工 | 小売 販売 |

有機農業基準　　　　加工・流通過程（CoC）認証

生産者　　　　　加工業者　　　　製造業者　　　アパレルショップ

APPAREL

(注) GOTSの認証範囲は、最初の加工工程から。オーガニック繊維の生産には、該当する生産範囲については、IFOAM Family of Standardsのいずれかの規格での認証が必要。

ただし、注意が必要なのだが、栽培地で原綿（オーガニックコットン／IFOAM Family of Standardsのいずれかの規格で有機農業認証を取得したもの）が摘み取られたあとに、糸として加工する段階（繊維の収穫、加工、製造、流通）で環境や人権配慮が十分にされているのかを見る認証である、ということだ。そのため国際認証を取得していない一般商品と、この過程で混同されていないか、汚染されていないかなどを判断する。主な基準は、

・原料の70％以上が　オーガニック繊維であること。
・加工がオーガニックな方法で行われている。
・遺伝子組換え技術を使用しない。
・水・エネルギーの使用に関して、環境目標を設定している。
・毒性のある薬剤を使用しない。
・衛生的で安全な労働環境である。
・搾取や差別のない労働条件である。
・トレーサビリティの確保をする。

である。

Column

繊維認証の変遷

　ここで、繊維の認証ができるまでを整理しておきたい。
　日本では、オーガニック繊維（特に、オーガニックコットン）について、1993年に設立されたNOC（日本オーガニックコットン流通機構）や、JOCA（日本オーガニックコットン協会）などが、普及啓発や認証を展開してきた。当時の立役者の宮崎道男氏や渡邊智惠子氏、現在のJOCAの理事長でもある前田剛氏などが、志高く活動されてきた。一方、2002年ごろ世界では、オーガニック繊維の製造加工に関する基準が多く、それぞれの認証機関が独自の基準とラベルを運用し、

事業者に提供していた。

　その乱立状況を整理しようとドイツ（IVN）、イギリス（SA）、アメリカ（OTA）、日本（JOCA）によって会合が開かれ、認証方法を統一して共通の基準（GOTS）が誕生した。これが2005年のGOTS「version 1.0」だ。翌年の2006年から第三者の認証機関によるGOTSの認証が実装され、2008年にはGOTSのロゴマークが導入された。

　また、オーガニック繊維の認証には、OCS（Organic Content Standard）もあり、アメリカのTextile Exchangeが保有（以前はOrganic Exchangeという団体が組織名と同じ名称Organic Exchangeで認証を運用）している。ナイキやパタゴニアなどスポーツ用品のメーカーが中心となり、主に会員から提供されたデータを分析し、報告書にまとめ、世界中の農業を有機に転換することを目的に指導や活動を行っている。また、繊維のリサイクルの基準GRS（Global Recycled Standard）や、RDS（Responsible Down Standard）といった動物福祉など範囲を広げ、繊維全般へと広がりを見せ、個々の認証をUnified Standardとして運用を目指すなど、認証のスキームオーナーとしても活動中だ。

　Textile Exchangeの運用する認証は、海外の認定機関や認証機関しかなかったわけだが、日本においては、2020年ごろからNITE（National Institute of Technology and Evaluation／独立行政法人製品評価技術基盤機構）が認定機関として活動をはじめ、国内での展開が活発化している。

　アパレルの国際認証を取得している企業の活動も見てみよう。

　まず、代表的な企業として、健康や医薬品事業で有名な名古屋の興和株式会社が挙げられる。創業は1894年と古く、もともとは綿布問屋からスタート。その後、事業拡大を目指し、繊維の商社事業と医療事業にも進出。自社商品づくりに関わる多くの企業と連携をし、サプライチェーン全体で国際認証をいち早く取得した。

その背景には、「世の中に出しても恥ずかしくない繊維製品を」という方針を経営トップが掲げたことにあると言う。その強い思いが天然繊維の国際水準へのチャレンジに結びついた。

興和がはじめて国際認証を取得したのは2003年で、その後、GOTSやTextile Exchangeによる認証も取得したのだが、自社のブランディングにも役立っている。

また、オーガニックコットンを日本に普及させた業界内の立役者に、大正紡績株式会社がある。1993年にオーガニックコットンの提唱者であるサリー・フォックス氏との出会いがきっかけとなり、2000年から契約栽培による原綿（オーガニックコットン）も調達。2010年には日本の紡績メーカーとしては初めてとなるGOTSとOCSの国際認証を取得している（図表4-1）。

なぜ、こうした積極的な取り組みができたのか。「オーガニックコットンの普及」に尽力される近藤健一氏の取り組みがある。生産地に何十回も足を運び、オーガニックコットンを買いつけ、世界中で紡績工場をつくる活動も行ってきたことによる。その取り組みに芸能人や文化人が

図表4-1　繊維の代表的な認証制度

認証名	GOTS（Global Organic Textile Standard）：オーガニックテキスタイル世界基準	OCS：Organic Content Standard	GRS：Global Recycle Standard	エコテックス
スキームオーナー	Global Standard gGmbH	TEXTILE EXCHANGE	TEXTILE EXCHANGE	エコテックス® 国際共同体
対象品目	繊維製品	繊維製品	リサイクル繊維	繊維製品

※注1　Textile ExchangeはOCSやGRSのほか、CCS（Content Claim Standard）、RCS（Recycled Claim Standard）、また、RWS（Responsible Wool Standard）や、Mohair、Alpaca、Downなど、動物福祉の認証も保有。

※注2　エコテックス認証は、エコテックス国際共同体による繊維製品の安全性を証明するガイドライン。繊維製品の生産に使われる化学物質を検査して安全性を証明する。「エコテックススタンダード100」は、350超の有害化学物質を対象に分析・検査してクリアした製品に与えられる。染料・助剤などの化学薬剤の安全証明「エコパスポート」、環境負荷や労働背景なども含めた企業や工場のサステイナブル証明をする「ステップ」、最高峰ラベルのトレーサビリティ証明をする「メイドイングリーン」シリーズもある。

共感するケースも多い。コアなファンへのアドバイスも惜しまない近藤氏の活動は、「納得できる製品であれば、高くても買う」という消費者がいることへの証にもなった。

さらに、認証原材料である糸は大正紡績が提供し、大手から中小企業まで認証取得企業でつなぐ活動にも力を入れる。これによってオーガニックコットン市場の裾野に広がりも見られる。

繊維・アパレル業界の積極的な国際認証取得を活かした動きが活発化する中で、自らが認証を取得する中小企業も登場している。日本の繊維産業は原料が加工されて製品となり、消費者のもとに届くまでサプライチェーンが長く、そこにかかわる中小企業も多い。製品化する過程において、紡績や染色、織り、縫製など細かく分かれており、小規模経営の事業者が多い産業であるからだ。

中小企業の場合、認証取得企業の傘下で工場や事業者として審査を受けることが多かったが、それだと独自で取得企業として販売活動ができない。そこで自社で認証を取得し、「環境や人権などの配慮への積極的な取り組みを自社の強み」とする中小企業も登場してきた。

株式会社新藤、小林メリヤス株式会社、株式会社ハートなどだ。国内生産にこだわり、品質の高さは海外でも定評がある。主に、ベビー用品やタオル、インナーウエアなどが製品化されているが、ソフトな肌触りは、その感触を味わうと手放せなくなると品質でも評判が高いものが多い。

新たな動きとして注目されるのが、肌着やTシャツなどを製造する三恵メリヤス株式会社が、日本独自の新たなGOTSの監査方法により認証を取得したことだ。日本では、繊維産業の工程が細分化されているため、認証コストや労力がかかるという課題があったが、それを日本生まれのパイロットプロジェクトであるCSCS（Controlled Supply Chain Scheme）の認証を取得することで解決した。

2022年、このパイロットプロジェクトは日本の分業化された製造工程に合わせて発足した小規模事業者向けの認証であり、小規模事業者でも連携して取り組みやすく、認証審査における実務と費用負担を減らす

ことができるなどのメリットがある。国内だけにとどまらず、世界で初めて取得したことも注目されている。

　繊維・アパレル業界の国際認証には、当然ながらGOTS以外にも多数あるため一部のみだが、図表4-1にまとめた。どれを選ぶのがよいのか、自社との相性を鑑みながら考えてほしい。

3 暮らしと密接につながる「農産物・畜産物」

　命をつなぐ「食」と直結する農産物・畜産物の生産は、私たちの生活に関わる幅広い範囲にまで影響をおよぼす。そのため課題があれば、早急な解決が求められる。

　まず、農産物・畜産物の生産に関する課題だが、生産過程で必要な土壌や水の環境汚染、農薬や化学肥料の問題、遺伝子組み換えの安全性、農業従事者の人権問題、人口増加や気候変動による供給の不安定などがある。

　次に、食料自給率に関しては日本のカロリーベースの食料自給率は、1965年に73%だったものが2021年には38％となり、長期的に低下傾向で推移する課題がある（図表4-2）。

　要因の１つめに、自給率の高い米の消費量の国内での減少が挙げられる。高度成長期以降、日本人の食生活のスタイルが大きく変化し、小麦や畜産物、油脂類の消費量が増加した。海外に依存する原料の輸入が増えたためだ。

　２つめに、農業では多くの水を消費することがある。さらに、畜産では牛や豚など家畜の飼料となる穀物が必要で、その生産にも多くの水が必要となる。広大な農地が少ない日本では、穀物などは海外からの輸入に依存するので、間接的に水を輸入していることにもなる。

　３つめに、天候不良や社会情勢の変化による影響、人件費の高騰、従事者不足など、さまざまな要因で原材料が高騰するという課題もある。

図表4-2　食料の自給率

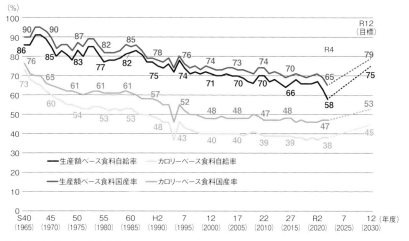

農林水産省「日本の食料自給率」より

これまでと同様に安定的に食材や生産資材が調達し続けられるか、という点も危ぶまれる。

　続いて、社会課題を見てみよう。

　国連が2022年に「世界人口推計2022（World Population Prospects 2022)」で、2060年に世界の人口は、100億人を超える見込みであると発表しており、「100億人の食を誰がどう調達していくのか」に注目が集まる。20年以上前からアメリカのワールドウォッチ研究所を創設したレスター・ブラウン氏をはじめとする多くの専門家たちが、「人口増による食糧難」については警鐘を鳴らしてきたが、いまだ解決策は見つかっていない。

　このように世界では人口増が見込まれるものの、逆に日本では人口が減少し、2022年の統計では総人口は１億2494万7000人だ。前年に比べ55万6000人（-0.44％）の人口減となり、12年連続で減少した（総務省統計局のデータより）。

　減少と言えば、第１次産業の従事者数は減り続けている。農業従事者については2020年で約136万人であり、2005年の224万1000人から見る

と、39％の減少である。

　さらに問題なのは、農業従事者の年齢が平均68歳と高齢化しており、若手の新規就農者を増やす必要性が指摘されることだろう。

　では、どうするのか。有機農業に意義を感じて新規で農業従事者になる若者は少なくないが、彼らが就農する場合、土地を探す際に近隣の農業従事者にその理解があるか、隣の農家が農薬を散布していた場合に飛散しないか、そもそも技術やノウハウの伝承を受けられるのか、定着するまでには伴走者も必要となる。

　農業に関する技術を学びたいと、先輩農家へ弟子入りするケースもあり、支援するベテランの農業従事者もいるが、まだその数は一部に限られる。それどころか後継者が見つからないことを理由に、農業のやめどきを考えている高齢の農業従事者も増えているという話が耳に入る。

　若手とベテランをつなぐコミュニティづくりが求められるが、マッチングの場はまだまだ少なく、打開策が見つからず、耕作放棄地となるケースがあとを絶たない。

　農作物・畜産物生産のこれからだが、社会的な課題も多く、解決に向けた方法を見いだし、できるところから着手することが求められる。

　たとえば、農業従事者が安定的に農作物などをつくれる環境を整える。あるいは、畜産で言えば、牛や豚、鶏の飼料も調達しやすくする取り組みなどが必要だ。

▶ 農林水産省が主導で進む「みどりの食料システム戦略」

　では、環境整備をするにはどうしたらいいのか。

　たとえば、農業のサステナビリティを考えることだが、私は「環境にとって健全で、社会的な責任を果たし、かつ農業生産者に利益をもたらす農業を行うこと」にあると考える。

　理由として、国内の農業従事者は小規模農家も多く、十分な収穫と生活を支えるためには、安心して暮らせる所得の確保が必要になるからだ。だが、従来の農法だけでは土地を劣化させ、時間の経過にともない作物の生産量を減少させてしまう可能性がある。さらに気候変動の影響によ

る不作のときもあり、これでは農業従事者の安定的な収入は見込めない。

　収入を得るためには、特に海外では顕著だが、新しい肥沃な土地が必要とされ、開拓という行為が多く見られた。だが、それが森林伐採を招くものであれば持続的とは言えない。農地の確保のために重視すべきことは、森林などの破壊につながらないような工夫である。

　農業の持続可能性を考えるときに役立つのが、FAOが策定した「SAFA（Sustainability Assessment of Food and Agriculture Systems）」という指標だ。SAFAは100を超える指標で構成されており、持続可能な評価をするうえで、「社会、環境、経済、統治」の4つの分野と21の項目を示す。その要点を挙げると、

・自然との共生と生物多様性を保全する。
・農地開拓における環境影響を削減する。
・労働安全を確保する。
・食品安全を確保する。
・汚染物質の排除をする。
・有機（オーガニック）の拡大をする。
・生産者の経済的自立をする。
・地域社会との共生をする。

などだ。では、日本国内では国家戦略として、どのようなアプローチをしているのだろうか。ここでは、有機農業の取り組みの視点から考察してみたい。

　サステナブルな食料システムを構築するために、農林水産省は、「みどりの食料システム戦略」を公表している。その副題には、「食料・農林水産業の生産性向上と持続性の両立をイノベーションで実現する」とある。

　最近、食品スーパーで、「オーガニックコーナー」があるのを目にする機会が増えたが、消費者ニーズも高まってきている。とは言え、有機JASの認証を受けているのは、国内の生産のおよそ0.2〜0.3％にしかす

ぎない。しかし、「みどりの食料システム戦略」では、2050年までに日本が目指す理想的な姿も示す。

- 農林水産業のCO_2ゼロ・エミッション（排出）化を実現する。
- 化学農薬の使用量をリスク換算で50％低減する。
- 化学肥料の使用量を30％低減する。
- 耕地面積に占める有機農業の取り組み面積を25％、100万ヘクタールに拡大する。
- 2030年までに持続可能性に配慮した輸入原材料調達を実現する。
- エリートツリー（人工造森林で成長が早く、形と質がよい個体「精英樹」の優良なものを人工交配でかけ合わせたもの）などを林業用苗木の９割以上に拡大する。
- ニホンウナギ、クロマグロなどの養殖で人工種苗比率100％を実現する。

　こうした目標の実現に向けて調達から生産、加工・流通、消費のプロセスで関係者の意欲的な取り組みと、革新的な技術・生産体系の開発と社会実装に着手する。有機の農地面積の割合を有機JAS認証されていない農地を含めて、１％から2050年に25％に増やすという目標設定は非現実的だという意見もあるが、意気込みも含めて、農業・畜産に関わる各ステークホルダーが本気で取り組めば可能であると、私は考える。
　ところで、「みどりの食料システム戦略」が公表される以前から、地道に有機農業への転換を進めてきた人たちがいる。たとえば、全国有機農業推進協議会理事長の下山久信氏は、「有機農業を全国に普及し定着させる」「日本の農と食と地域を健全に再生させる」「人と自然が共生する豊かな世界を実現させる」ことを掲げて活動する。
　また、有機農業運動と産消提携の流通（大地を守る会、らでぃっしゅぼーやの設立など）を構築した徳江倫明氏の活動も30年以上におよび、いまも精力的に有機拡大に尽力されている。
　業界を牽引するリーダーたちの先駆者スピリットに共感し、それを引

き継ぐ若手の農業トップランナーも登場し、世代間や横のつながりが深まってきている。具体的には、日本オーガニック会議が発足し、実行委員会が定期的に開催されている。農業者、関連事業者、NGOなど多様な団体や個人が集まり、有機農業だけでなく、自然栽培や自然農など環境配慮型農業や生物多様性保全の推進に取り組む団体、行政との意見交換などを進める。

　また、学校給食に有機食材の導入を呼びかける活動などを通して、少しずつだが、有機食材を取り入れる学校も増えた。グリーン購入法（公的機関が率先し、環境への負担が少ない製品やサービスの調達を推進する法律）の対象に有機食品も含まれることになった。

　モデルとなる海外事例もあり、フランスや韓国などでは、すでに学校給食への有機食材の導入に成功。フランスでは、エガリム法の制定により、年間に35億食の給食や病院食などへの義務化が実現した実績もある。成功モデルの存在は、日本の農業トップランナーたちには追い風であり、新たなマーケットとして期待される。

　では、農業や食の認証制度には、どのようなものがあるのか。認証は多数あるが共通するポイントは、①環境、②社会（人権含む）、③食品安全、④ガバナンスだ。紹介すると、

① 環境
・貴重な自然や生物多様性に配慮する。
・農業がおよぼす環境への影響を考える。
・有機農業を実践する。

② 社会
・生産者・労働者の人権に配慮する。
・公正な取引や生産者支援をする。
・労働安全（農作業時の事故や安全性）に配慮する。

③ 食品安全

・生産物や食品の安全性や衛生面を確保する。

・汚染水や物質、また異物混入を防ぐ配慮をする。

④ **ガバナンス**

・生産記録の管理をする。

・農薬や化学肥料の適切な管理をする。

・年間を通じた生産管理体制を確立する。

　などだ。環境からガバナンスまで、どこに重きを置くのかで異なる視点の基準やチェック項目がある。認証で言えば、一概に横並びに「この認証がいい」「これが優れている。いや、劣っている」ということではない。

　たとえば、GAP（Good Agricultural Practices／農業生産工程管理）は農業の基盤的な適正管理を軸にする「農業適正規範」とも呼ばれており、環境配慮や基本的な農業従事者への労働安全衛生などを重視する。また、有機認証は自然の力を活かす農薬や化学肥料に過度に頼らないという基準をベースに審査がされているが、確認すべきポイントが異なるため、どこを重視したいのか、必要に応じて選択していくのがよい。

　最近では、リジェネラティブ（環境保全型）農業なども注目されているが、農業認証には、どのような種類があるのだろうか。

　有機から見てみると、国際的コーデックス委員会のガイドラインによる規定「生産の原則」では、「有機農業とは、生物の多様性、生物的循環および土壌の生物活性など、農業生態系の健全性を促進し強化する全体的な生産管理システムである」と示されている。

　この前提のもと有機JAS法は、日本では約20年前に制定された。詳細は第7章を参照してほしいが、有機生産者・事業者に対して、JAS規格に適合した生産が行われているかを登録認証機関が検査する。その結果、認証された有機生産者・事業者は、有機JASマークをつけることが可能であり、認証がなければ、農産物や農産加工食品に「有機」「オーガニ

⏱15秒で 「有機JAS」の大わくを知る

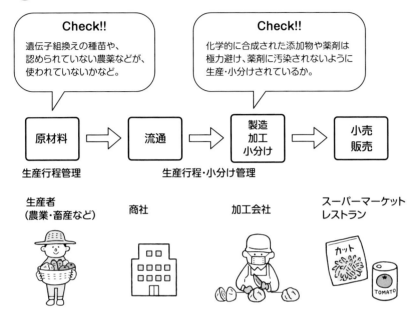

Check!!
遺伝子組換えの種苗や、認められていない農薬などが、使われていないかなど。

Check!!
化学的に合成された添加物や薬剤は極力避け、薬剤に汚染されないように生産・小分けされているか。

原材料 → 流通 → 製造加工小分け → 小売販売

生産行程管理　　　　　　　生産行程・小分け管理

生産者（農業・畜産など）　　商社　　　加工会社　　　スーパーマーケットレストラン

（注）小売・販売店舗で加工や小分けした商品を有機として販売する場合は認証の取得が必要。JASマークが付された商品をそのままの形で販売する場合は認証を取得する必要はない。

ック」などの名称や表示をすることができない。JAS法で義務化されているからである。

ちなみに、有機JAS（日本）のほか、ヨーロッパでは、EU有機農業規則があり、アメリカではUSDA／NOP（U.S. Department of Agriculture／National Organic Program）、フランスのAB（Agriculture Biologique）など、各国の規則を定めた認証が運用されている。特に、国家間で同等性が認められている認証には、EU・スイス・アメリカなどがある。さらに2023年、酒類も日本からカナダに輸出が可能になるなど、広がりを見せている。このほかに、国際フェアトレードやレインフォレスト・アライアンスなど有機以外の民間の認証制度も多く存在する。図表4-3はこれらの一部を示している（GAPはP101を参照）。

図表4-3　農業の代表的な認証制度

認証名	有機JAS	EU Organic	USDA/NOP	AB	国際フェアトレード	レインフォレスト・アライアンス
スキームオーナー	農林水産省	欧州連合	米国農務省	フランス農務省	国際フェアトレードラベル機構	レインフォレスト・アライアンス
対象品目	農畜産物、加工品、海藻など	農畜産物、飼料、ワインなど	農畜産物、アルコール、化粧品など	農畜産物、ワインなど	コーヒー、カカオなどの食品と繊維、花など	農産物

Column

有機認証「IFOAM」の誕生と、その役割

　オーガニックという言葉は定着しているが、日本語に訳すと「有機的な」という意味だ。

　農業のオーガニックのはじまりは、1920年代にまでさかのぼる。イギリスのアルバート・ハワード氏による『農業聖典』（1940年）が出版され、1960年代にはレイチェル・カーソン氏が『沈黙の春』を発表、地球環境の危機的状況を伝えられていった。

　これらを機会に、有機農業のあり方がイギリスやアメリカを中心に活動・議論されるようになり、伝統的な堆肥化技術が環境主義と結びついた。

　1972年には、有機農業の国際的民間組織IFOAM（International Federation of Organic Agriculture Movements／アイフォーム・国際有機農業運動連盟）が発足した。IFOAMは、有機農業の原理とは何か、生態学的、社会的、経済的に健全な農業システムに必要な技術交流・情報共有などを目的とした活動を開始する。そして世界中の有機農業の普及推進に尽力する草の根の会員組織（国際NGO）として今日に至る。

　2023年現在、世界100カ国以上で約700以上のメンバーがIFOAMに加盟。構成メンバーは、各国の有機農業団体、有機認証団体、コ

ンサルタント、研究者、消費者、国際企業など多様だ。

IFOAMは、ECOSOC（United Nations Economic and Social Council／国際連合経済社会理事会）の認定NGOであり、有機農業を通じたアフリカ・アジア・ラテンアメリカなどの開発支援をFAOやUNCTAD（United Nations Conference On Trade and Development／国連貿易開発会議）など、国際機関との協力のもとで活動を続ける。また、IFOAMは、ISOから公式の基準設定機関として認定され、世界各国の有機農業運動の普及にも努める。

ところで、IFOAMは「有機認証の基礎基準」と「有機認証団体を認定する認定基準」を策定している。これらは国際ガイドラインとして、世界各国の政府からも参照されている。

1999年、日本の有機認証制度もIFOAMの基礎基準と国際食品規格委員会（コーデックス委員会：FAOとWHOにより設立）の「コーデックス有機ガイドライン」をベースにつくられた。コーデックス有機ガイドラインも、IFOAMのオーガニック基礎基準を参考として策定されている。

▶ 持続可能な農業認証「レインフォレスト・アライアンス」

ここで農産物に関する国際認証として、レインフォレスト・アライアンス認証、フェアトレード認証の紹介もしたい（団体の詳細については、第7章を参照）。

レインフォレスト・アライアンスは、環境、経済、社会の３つの側面から基準がある。ほかの認証との違いは、農園の生産性の向上や生物多様性、生態系の保全などに軸足を置いている点だ。認証ラベルがカエルなのは、カエルが環境の変化に敏感であるという観点で「生物指標」に適しているという判断からだ。

認証ラベルの「キャラクターの由来」からもわかるが、レインフォレスト・アライアンスが重要視する基準は、効果的な計画・管理システム、生物多様性の保全、天然資源の保全、生活の向上である。具体的には、

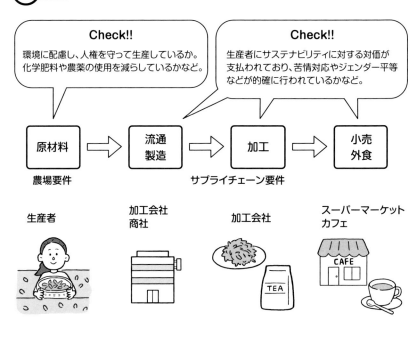

Check!!
環境に配慮し、人権を守って生産しているか。
化学肥料や農薬の使用を減らしているかなど。

Check!!
生産者にサステナビリティに対する対価が
支払われており、苦情対応やジェンダー平等
などが的確に行われているかなど。

| 原材料 | → | 流通 製造 | → | 加工 | → | 小売 外食 |

農場要件　　　　　　　サプライチェーン要件

生産者　　　加工会社 商社　　　加工会社　　　スーパーマーケット カフェ

・**効果的な計画・管理システム**──生産的で持続可能な農園は、配慮の
行き届いた管理によるところが大きい。また、この認証は、総合的農園
計画および管理ツールへのアセスメント（評価・認定）を含む。そのた
めエネルギーおよび水の使用の評価から作物の割合を選び、季節労働者
の雇用方針を決めたいときに役立つ。

・**生物多様性の保全**──生態系の健全性を支えることを科学的研究機関
が明らかにする。基準には、自然生態系の保護、森林破壊の防止、野生
生物コリドー（回廊）の維持および絶滅危惧種の保護、水資源の保全お
よび地域水路の保護、周辺の保護地域の保護の方法が含まれている。

　また、基準には狩猟の禁止（先住民による伝統的狩猟は例外とする）、外

来種の侵入・拡散の防止および人間と野生生物の衝突を最小化し、地域の野生生物を保護することも含む。

・**天然資源の保全**──天然資源の保全は、農園の気候変動への適応能力の向上に役立つ。基準を実施することで、土壌流出と圧縮の最小化、土壌肥沃度の向上、廃水処理、水とエネルギーの保全、固形廃棄物管理および農薬の使用を低減する。総合的病害虫管理技術に役立つ。

・**生活の向上**──持続可能な農業基準は、基準項目を通じて労働者と周辺コミュニティの健康と福祉を守ることを求める。たとえば、労働者は最低でも15歳であること。最低でもその農園が位置している国の法的最低賃金および時間外手当が支払われること。労働者に安全な飲料水、医療、教育へのアクセスがあることだ。

　先住民族の権利を含めたコミュニティの権利の尊重は、レインフォレスト・アライアンス認証の中核的な価値であると言えよう。

　日本では、コンビニエンスストアやファストフード店では、レインフォレスト・アライアンス認証を受けたコーヒーが販売され、また、スーパーマーケットで販売されているバナナや菓子、紅茶なども見つけられるだろう。

フェアトレード

4 「公正な取引なのか」がよくわかる認証

　国際フェアトレード認証は、開発途上国の小規模生産者、労働者のサステナブルな開発を促すことを目的に設計されている。その基準は、「生産者の対象地域」「生産者基準」「トレーダー（輸入・卸・製造組織）」「産品基準」だ。つまり、生産者側と購入者側との間で、公正な取引が行われているかどうかを知る認証と言える。

　カカオやコーヒー、香辛料などの生産者の規模が小さいほど商取引のときに安く買い叩かれるような状況を打開しようと誕生した。たとえば、

市場価格の情報が希薄だったり、販売先の選択肢が少なかったりする発展途上国の生産者たちは、不公平な取引を強いられていた。

その結果、生活水準の低下、コスト削減のための児童労働、過剰な農薬による環境破壊や健康被害などの問題が多発し、苦しい生活を余儀なくされていたわけだ。

フェアトレードの取り組みによってこの課題が解消される可能性は高い。2021年で、世界70カ国200万人以上の生産者が参加している。日本では大手スーパーなどの店頭でフェアトレード・ラベル付きのチョコレートなどを目にするが、90%の消費者が認証マークを認知している欧州各国に比べると、まだまだ認知度は高いとは言えない。そこで国内では、フェアトレード月間の5月にキャンペーンを掲げ、関係事業者と協働で認知度向上に力を入れており、新たな取り組みが広がりつつある（図表4-4）。

フェアトレードには、WFTO（World Fair Trade Organization／世界フェアトレード連盟）によるWFTOフェアトレード保証制度の認証もある。

図表4-4　フェアトレードとは何か？

〈Fair Trade　フェアトレード〉
公平・適正な価格で取引をすること

通常の貿易	フェアトレード
市場価格の情報や販売先の選択肢の欠如により、末端の小規模生産者は、安く買い叩かれてしまう	人と環境に配慮して生産されたものを適正な価格で取引し、持続可能な生産と生活向上を支援

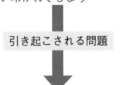

引き起こされる問題

フェアトレードによる
インパクト

■生産者の生活水準低下
■コスト削減を目的とした児童労働
■過剰な農薬による環境破壊・健康被害

■適正価格の保証・プレミアムの支払い
■児童労働の禁止
■環境に配慮した生産

認定NPO法人フェアトレード・ラベル・ジャパンの資料をもとに著者作成

15秒で「国際フェアトレード認証」の大わくを知る

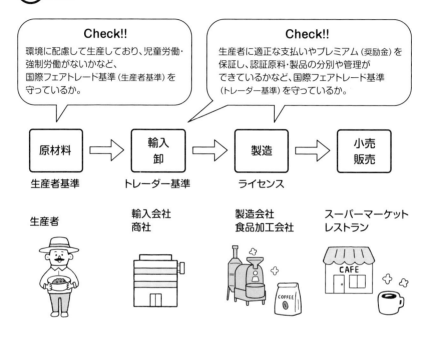

Check!!
環境に配慮して生産しており、児童労働・強制労働がないかなど、国際フェアトレード基準（生産者基準）を守っているか。

Check!!
生産者に適正な支払いやプレミアム（奨励金）を保証し、認証原料・製品の分別や管理ができているかなど、国際フェアトレード基準（トレーダー基準）を守っているか。

原材料 → 輸入卸 → 製造 → 小売販売

生産者基準　　　トレーダー基準　　　ライセンス

生産者　　　輸入会社　商社　　　製造会社　食品加工会社　　　スーパーマーケット　レストラン

WFTOは、発展途上国で働く立場の弱い生産者や労働者の自立と生活環境の改善などを支援するフェアトレードを推奨する団体である。適正な価格で消費者が製品を購入してもらえるように活動をする1989年に結成した連合体だ。欧米や日本の輸入団体と、アジア、アフリカ、中南米の生産者団体が加盟し、情報交換や活動、普及啓発などを行う。

　以前、この認証は、WFTOのフェアトレードの指針に則り活動していることを示すものだった。その後、製品に対するWFTO製品ラベルが運用され、フェアトレード保証システムにより、生産工程のすべてにおいてフェアトレード団体が順守すべき指針「フェアトレードの10の指針」を守ることを保証し、製品にラベル表示がされるようになった。

　ここで「フェアトレードの10の指針（10 Principles of Fair Trade）」

の考え方についても、共有しておきたい（「ピープルツリー」の資料より引用）。

・**生産者に仕事の機会を提供する**──社会的に弱い立場に置かれた小規模の生産者が不安定な収入や貧困から脱し、経済的に自立することを支援する。

・**事業の透明性を保つ**──経営や取引における透明性を保つ。すべての関係者に対し説明責任を果たし、参加型の意思決定を行う。

・**公正な取引を実践する**──バイヤーと生産者は、連帯と信頼、お互いへの思いやりに基づき長期的な取引を行う。小規模生産者が社会的・経済的・環境的に健全な生活ができるよう配慮して取引し、利益を優先せず、要望があれば、バイヤーは生産者に収穫や生産に先だって前払いを行う。

・**生産者に公正な対価を支払う**──生産者に対し、その活動地域の基準で社会的に受け入れられ、生産者自身が公正だと考える価格を支払う。公正な対価とは関係者全員の合意により決定されるもの。男女の同等の労働に対し、平等な対価を支払う。

・**児童労働および強制労働を排除する**──生産過程での強制労働を許さず、国連の「子どもの権利条約」および子どもの雇用に関する国内法や地域法を順守する。生産に子どもが関わる場合は、すべて公開・監視のうえ、子どもの健全な生活や安全、教育、遊びに悪影響をおよぼさないようにする。

・**差別をせず、男女平等と結社の自由を守る**──雇用や賃金、研修の機会などにおいて、人種や社会階級、国籍、宗教、障害、性別や政治的信条など、あらゆる面において一切の差別をしない。男女に平等の機会を提供し、特に女性の参加を推進する。また、結社の自由を尊重する。

・**安全で健康的な労働条件を守る**──生産者が安全で健康的な環境で働くことができるように、現地の法律やILO（International Labour Organization／国際労働機関）で定められた条件を守る。また、生産者団体における健康や安全性についての意識の向上を継続的に行う。

・**生産者のキャパシティ・ビルディングを支援する**──立場の弱い小規模な生産者に、ポジティブな変化をもたらすことができるように努める。生産者の技術や生産・管理能力などのキャパシティが向上し、市場へアクセスできるよう支援する。

・**フェアトレードを推進する**──フェアトレードの目的や必要性をより多くの人に知ってもらえるように啓発する。また、消費者に対して販売者や生産者、商品の背景にある情報を提供し、誠実なマーケティングを行う。

・**環境に配慮する**──生産地で持続的に採れるものなど、サステナブルに管理された素材を最大限に活用し、エネルギーの消費と二酸化炭素の排出が少ない生産を心がける。農業ではできるだけオーガニックや減農薬など環境への負荷の低い方法を用いる。梱包にはリサイクル素材や生分解可能な素材を用い、輸送にはできるだけ船便を使う。

このほかにもフェアトレードの認証は世界でもいくつか存在しており、各地で取り組みがされている。いくつか紹介しておきたい（図表4-5）。

図表4-5　フェアトレードの代表的な認証制度

認証名	国際フェアトレード認証	WFTO	フェアトレードUSA
スキームオーナー	国際フェアトレードラベル機構	世界フェアトレード連盟	フェアトレードUSA
対象品目	コーヒー、カカオなどの食品と繊維、花など	団体製品（繊維、紙、チョコレートなど）	コーヒー、花、果物、シーフードなど

► 行政も参加する注目の「フェアトレードタウン運動」

ところで、私が注目するフェアトレードの活動に、2000年にイギリスではじまり、日本でも熊本市、名古屋市、逗子市、浜松市、札幌市、

いなべ市が認定される「フェアトレードタウン運動」活動がある。町を挙げてフェアトレードの輪を広げることで、途上国の人たちの自立や環境保全に貢献しようという運動だ。

　また、日本でのフェアトレードの活動として、フェアトレードカンパニー株式会社のフェアトレード専門ブランド「ピープルツリー」がある。30年にわたって長く愛用される持続性のあるファッション製品をつくり続けてきた。いまでは、雑貨や食品などのフェアトレードな製品も扱う。利益を優先するのではなく、生産者を支援し、環境を守り、質の高い商品とサービスを提供することで、フェアトレードのビジネスモデルを示す。

　フェアトレード認証ラベル製品を日本に初めて導入したのは松木傑氏だが、1993年「トランスフェアジャパン（現在のフェアトレード・ラベル・ジャパン）の設立や、日本国内のフェアトレードの普及に大きく貢献してきた。現在は、「わかちあいプロジェクト」などを通じて、フェアトレードの普及に取り組む。

　発展途上国の生産者を継続的に支えるために扱うのは、食品のみならず繊維製品や花にはじまり、サッカーなどのボールまでと幅広い。ホテルやレストランでも、環境や人権に配慮した公正で適性な価格で取引される食材やドリンクの導入も進みつつあり、よりフェアトレード認証ラベル製品が身近になる可能性がある。

　こうした認証の取得製品の販売者が「フェアトレードを取り扱うきっかけとなった」というできごとは、消費者からのニーズによることが、少なからずある。

　企業や店舗の中には、消費者の声から認証製品を扱っており、消費者の意識変化や要望は、企業を動かすことができ、大きな力を持つ。フェアトレードは、「エシカル消費」という考え方とその啓発活動が盛んになる中で、マスコミをはじめ、消費者たちの間でも頻繁に会話の中で、取り上げられるようになってきた。特に発展途上国を対象としているフェアトレードの取り組みは、若い世代から共感されることが多い。学校教育の場面でも、SDGsやエシカル消費とともに環境や人権に配慮する

大切さを学ぶ機会も増えたことも背景にある。

　今後、フェアトレードに限らず日本の消費者がサステナブルな活動に関心を持ち、フェアトレードやサステナブルな製品が受け入れられている動向を海外に本拠地があるスキームに伝え、基準や審査などの改善提案をしていくことも、認証取得企業側や、日本に拠点を置く私たちの重要な役割になってくる、と考える。

▶ 国際認証の普及に積極的な「GAP」

　消費者の「サステナビリティへの配慮」から高まる認証ラベルの価値について紹介してきた。有機JASは、オーガニックであるかどうかに焦点が絞られた認証制度で、精力的に活動をすすめているが、同様に率先して生産者に向けて認証の普及に取り組む認証制度にGAPがある。

　GAPはB to Bの商取引上で求められる認証であり、製品につけるラベルではなかったが、いまでは製品につけられるものもある。この変遷について、その背景を少し見てみよう。

　持続可能な農業を目指すには、農産地の自然環境、地域、農業従事者の労働安全や農薬などの扱い、そこから食の安全へとつながる必要がある。農林水産でも食の安全、労働安全衛生、環境、生物多様性、アニマルウェルフェア、トレーサビリティなどについて、国も力を入れて推進しているのが、GAPだ。

　GAPは、農業生産の各工程の実施、記録、点検および評価を行う持続的な改善活動のことだ。日本では農林水産省にて、「食品安全」「環境保全」「労働安全」「人権保護」「農場経営管理」の5分野を含むGAPを国際水準GAPと呼称し、ガイドラインを策定し、普及を推進する。

　国がGAPを推進する背景には、SDGsへの取り組みや東京オリンピック・パラリンピック開催で、食材の調達基準にGAP認証が採用されたことも契機となった。2025年に開催予定の大阪・関西万博でも、持続可能性に配慮した調達コードとして、国際水準GAPの認証の採用を推奨している。では、GAPの認証制度の特徴は、どこにあるのだろうか。

　1990年代、GAP認証はヨーロッパで誕生した。大手の小売業は店舗

で販売する農産物の生産について、農薬の使用を減らすことや安全管理、また、生産するプロセスで、衛生面の配慮をすることなどを生産者に求めてきた。環境配慮や食品安全などを考えれば大事な取り組みではあるものの、課題は確認に費用も労力もかかることだった。

　生産側である農業者は、出荷・販売先によって求めている基準が異なっており、スキームの基準によって対応方法を変えるなど生産者の負担の多い作業だった。この状況を改善するためにスキームが個々に策定していたルールを共通化し、どの地域から仕入れても、求めているルール

図表4-6　GAPの考え方

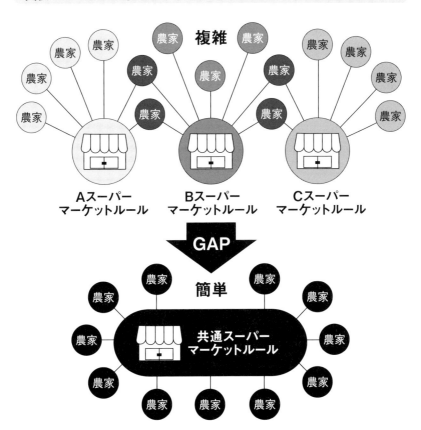

「農林水産省ホームページ」より引用

を満たしていることを確認するしくみが検討されたのだった（図表4-6）。

　そこで、生産者の取り組みが定めている要求・ルールを満たしているのかについて客観的に評価するために、第三者が公正・公平に確認するしくみが検討され、EUREPGAP認証が誕生したわけだ。

　その後、欧州のみならず国際的なものとしてGLOBALG.A.P.へと変遷した。日本では主に、GLOBALG.A.P、ASIAGAP、JGAPの3種類が第三者認証として普及した。1つめのGLOBALG.A.P.は、ドイツのフードプラス（FoodPLUS GmbH）が運営し、ASIAGAP、JGAPは、一般財団法人日本GAP協会が策定する（図表4-7）。

図表4-7　GAPの代表的な認証制度

認証名	GLOBALG.A.P.	JGAP	ASIAGAP
スキームオーナー	FoodPLUS GmbH	一般財団法人日本GAP協会	一般財団法人日本GAP協会
対象品目	野菜、果物、養殖の魚介類と藻類、花など	農畜産物	農産物

　GAPの取り組みに対して日本では、行政が中心に活動していること、また、世界では小売メーカーが積極的であることを述べた。

　実は、国内の大手小売業（イオングループ、セブン＆アイ・ホールディングス、日本生活協同組合連合会など）でも、調達方針の中でプライベートブランドを中心に、グループ会社や取引先にGAP認証を求めはじめている。

　また、2018年、イオングループではアジアで初めてGLOBALG.A.P認証を取得した農場でつくった農産物であることを示すGGNラベル付きの商品の販売をスタートした。2023年からは、新しいGGNラベル付きの商品の展開も開始している。これはGLOBALG.A.Pの認証を取得した農場で農作物がつくられているだけでなく、労働者福祉やサプライチェーンの透明性についても第三者機関によって証明されることになる。

　また、GGNラベルのQRコードによる見える化も進められており、オ

ンライン上でその履歴をたどれるしくみもあり、トレーサビリティの追求が容易となる。

　食品関係では、食品の安全性を謳う認証制度として、HACCP（Hazard Analysis and Critical Control Point）、GMP（Good Manufacturing Practice）、FSSC（Food Safety System Certification）なども活用されている。

▶ 大豆・カカオは輸入に頼る日本

　日本は大豆の大半をアメリカから輸入しているが、大豆畑を巡っては、ブラジルアマゾンなど畜産への農地転換や、大豆生産のために森林が破壊されている。アニマルウェルフェアや環境への観点から、「動物性のものを避け、植物由来の食へのニーズ」が高まっている。その代替肉を支えるのが大豆であるが、大豆の由来についても注意を払う必要があるだろう。

　大豆の認証には、RTRS（Round Table on Responsible Soy Association／責任ある大豆に関する円卓会議）があり、不二製油グループが2020年に加盟するなど日本でも取り組みがはじまっている。それから、アメリカからの輸出製品を中心にUSSEC（U.S Soybean Export Council／アメリカ大豆輸出協会）によるSSAP認証があり、認証が広がりつつある。日本でも国産大豆への転換が進みつつあるが、有機認証など一部大豆を対象にしているものがあるものの、大豆に特化したサステナビリティを包含する第三者認証制度は確立していない。今後、ニーズは高まるであろう。大豆由来の製品、その生産現場におけるサステナビリティへの取り組みも注目に値する。

　そして、カカオの生産地は、児童労働など人権課題や森林破壊のリスクが高いことでも知られている。チョコレートを食べたことのない現地の生産者が、劣悪な環境で生産することについて、さまざまな取り組みがはじまっている。

　ココアホライズン財団（Cocoa Horizons Foundation）によるカカオホライズン認証のほか、東南アジア・アフリカなどのカカオの栽培地域の支援などを行うWCF（World Cocoa Foundation／世界カカオ財団）への加

盟や参画、ガーナなどカカオ関連での森林保護などを目的とするパートナーシップCFI（Cocoa & Forests Initiative）などがある。

　日本では、JICA（独立行政法人国際協力機構）が「開発途上国におけるサステイナブル・カカオ・プラットフォーム」を運営し、多様な関係者が、カカオ産業の抱える課題の解決に向けて共創・協働を行う。カカオを巡る課題解決には、パートナーシップによる取り組みの推進が必要であろう。

漁業・養殖

5 「天然もの」魚介類が食卓から消える日も!?

　日本の食文化に魚は欠かせない。しかし近年、魚介類の１人あたりの消費量は2001年をピークに減少する。特に、若い世代の魚離れが起きている。理由として、調理方法がわからない、価格の高騰、日本の食文化が欧米化していること、などもあるだろう。

　それにしても、なぜ、魚介類の価格が高騰しているのか。燃料の高騰などもあるが、水産資源の減少にも関係する。一番の原因は、乱獲だと言われる。世界の水産資源のおよそ３分の１が乱獲状態にあり、40年間で半分に減ったという報告もある。30年後には、天然の魚が食べられなくなってしまうとの恐ろしい試算もある。

　世界の水産資源の状態から見ても（図表4-8）、1970年代以降、過剰な漁獲や乱獲だけでなく、IUU漁業の横行、気候変動による海水温の変化、海水の酸性化水産資源の移動、魚の回遊パターンの変化、生息域の変化と減少などの課題がある中で、どうにか持続可能な漁業を模索しながら取り組みが行われてきた。

　ここでIUU漁業について、少し触れたい。IUU漁業とは、Illegal, Unreported and Unregulated漁業の略称で、「違法・無報告・無規制」に行われている漁業を指す。世界の水産資源を持続可能にするためにルールや法律はあるのだが、それを無視して違法に魚介類を獲り続け、商

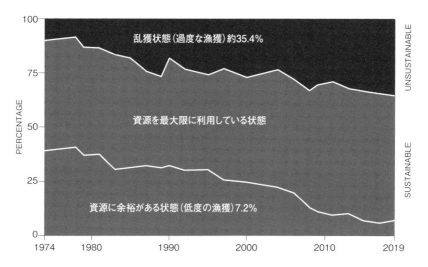

図表4-8　世界の水産資源の推移

「The State of World Fisheries and Aquaculture（2022）」（FAO Fisheries and Aquaculture Department）をもとに筆者が加筆

売をする人たちが世界中にはいる。つまり、私たちは知らず知らずのうちに乱獲された魚を食べている可能性が高い。

　具体的には、世界のIUU漁業による漁獲量は、金額に換算して100〜235億USドル（日本円で1兆1000億円〜2兆5845憶円）というデータもあり、日本の漁業・養殖業を合わせた生産量（442万トン）よりもはるかに多い。

　世界の漁業生産量の13〜31％（260〜500億ドル）、日本が輸入する天然水産物の24〜36％（18百億〜27百億円）が、IUU漁業によるものという統計もあり、IUUの横行は懸念される。

　環境保全団体WWFジャパンが行ったリスク分析、「WWF Japan（2017）IUU Fishing Risk in and around Japan」によると、日本の市場にIUU漁業由来の水産物が流入しているリスクは、「中から高程度」であり、特に、ウナギ類、ヒラメ・カレイ類、サケ・マス類で、そのリスクが高いことが判明した。

　IUU漁業による強制労働などの人権問題、海洋汚染やプラスチック問

題といった課題のほか、気候変動による海水温の変化や海水の酸性化、水産資源の移動、魚の回遊パターンの変化などによる資源管理のむずかしさや、生息域の変化・減少も見られる。持続可能な漁業の普及、IUU漁業漁獲物のサプライチェーンからの排除、予防的な資源管理の枠組みが必要だ。

「それなら養殖業なら安全なのでは？」と思われるかもしれないが、新たな課題がある。養殖で魚を育てる際に薬剤が使われるが、薬剤が不適切で海洋汚染につながるケースが指摘されるからだ。養殖には魚を育てるための餌が必要だが、それが水産資源のさらなる枯渇につながる危惧もある。養殖は人が管理するため、人権への配慮も重要であろう。

▶「サステナブル・シーフード」を目にする機会が増える消費者

1992年、環境と調和した持続的な漁業資源の利用や、生態系や資源に悪影響をおよぼさない漁獲および養殖の実施、衛生基準を満たす加工を通じた水産物の付加価値向上などが、「責任ある漁業に関する国際会議（カンクン会議）」で宣言された。

1995年、FAO総会では、「責任ある漁業のための行動規範」を採択、環境と調和した持続的な水産資源の利用や生態系の保全に関する理念、基本原則が示され、「海洋漁業からの漁獲物と水産物のエコラベルのためのガイドライン」、2011年には、「養殖業および内水面漁業に関する認証スキームの国際的なガイドライン」がFAO水産委員会で策定された。こうしたガイドラインなどができたことで、一気に水産物・水産資源のサステナブル調達が広がった。持続可能な水産物を定義するときに、求められる基準を以下にまとめてみた。

・FAOの「責任ある漁業のための行動規範（Code of Conduct for Responsible Fisheries)」や、国および地域の関係法令・規制などへの準拠する。
・生物多様性および生態系や環境への配慮する。
・適切な管理システム（水産資源の管理、生態系への配慮含めた管理シス

テムなど）を導入する。

さらに養殖では、
・養殖における飼料やそのほか、資源の責任ある利用する。
・水資源・水質の保全をする。
・適切な魚病管理をする。
・作業者の労働安全、人権の保護をする。

がある。ほかにも絶滅危惧種を養殖では使用しない、エネルギーや温室効果ガスの排出量の削減など、対応できる対策もあるだろう。では、これらの基準を満たすために、どのような認証制度やラベルが水産業界

15秒で「MSC」の大わくを知る

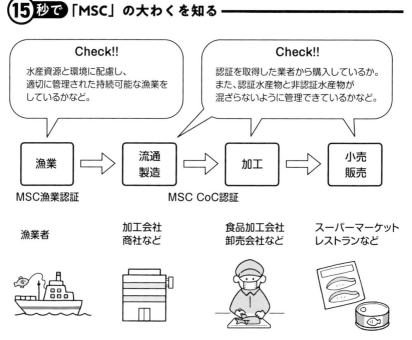

Check!!
水産資源と環境に配慮し、適切に管理された持続可能な漁業をしているかなど。

Check!!
認証を取得した業者から購入しているか。また、認証水産物と非認証水産物が混ざらないように管理できているかなど。

| 漁業 | 流通製造 | 加工 | 小売販売 |

MSC漁業認証　　　　MSC CoC認証

漁業者　　　加工会社商社など　　　食品加工会社卸売会社など　　　スーパーマーケットレストランなど

（注）スーパーマーケットなどの店舗で加工・包装する製品にMSCラベルを表示したり、レストランのメニューにMSCラベルを表示する場合は、スーパーマーケットやレストランまで認証の取得が必要。

で運用されているのか。

主なものに、持続可能な漁業と、そうした漁業で獲られた水産物を対象とするMSC認証、養殖の水産物ではASC認証がある。それぞれの内容について簡単に触れておこう。

MSC認証では、対象は天然魚介類漁獲漁業、認証取得漁業で獲られた水産物で、前者は「持続可能な漁業のための原則と基準」を満たす漁業として、次の原則に合致している漁業に与えられる。後者はまた、MSC漁業認証で獲られた水産物が流通から製造・加工をし、販売するまでのプロセスで、「CoC認証」を取得した企業が適切に管理するものだ。

・**資源の持続可能性**——過剰な漁獲を行わず資源を枯渇させないこと。または、資源が十分に豊富にある、あるいは確実に回復していること。
・**漁業が生態系に与える影響**——漁場となる海の生態系やその多様性、生産力、機能を維持できる形で漁業を行うこと。または、混獲種、絶滅危惧種、生息域、生態系への影響を最小限に抑制していること。
・**漁業の管理システム**——国内外のルールや、地域的なルールを尊重した漁業管理システムが確立されていること。持続的な水産資源の利用ができる制度やインフラ、社会的な体制をつくること。

ところで、MSC認証には、「漁業認証」「CoC認証」の2種類があるので触れておく。前者は、サステナブルで適切な管理がされている漁業であることを認証する。後者は、認証取得漁業で獲られた水産物が流通から製造・加工をし、販売するまでのプロセスで、非認証のものが混ざることを防ぐためのものだ。この2段階の認証を経たサプライチェーンを経ることで、消費者の手には、認証取得漁業で獲られたものだけを届けることができる。MSC認証を得た漁業からの水産物だけが、MSC「海のエコラベル」を表示が許される。こうして消費者が安心して、海のエコラベル付きの魚や魚介類を購入できることになる。

養殖の認証には、2010年に設立されたASCがある（第7章を参照）。認証対象魚種は、サケ、ブリ・スギ類、淡水マス、シーバス・タイ・オオ

ニベ類、ヒラメ、熱帯魚類、ティラピア、パンガシウス、二枚貝（カキ、ホタテ、アサリ、ムール貝）、アワビ、エビ、海藻などがあげられる。

養殖業の課題は、水質や海洋環境の汚染、薬剤の不適切な利用、エサ原料の資源への影響、過酷な労働環境がある。それらを解決するために、ASCでは7つの原則を定めている。

・国および地域の法律および規制へ準拠する。
・自然生息地、地域の生物多様性および生態系の保全をする。
・野生個体群の多様性を維持する。
・水資源および水質の保全をする。
・飼料およびそのほかの資源の責任ある利用をする。
・適切な魚病管理、抗生物質や化学物質の管理と責任ある使用をする。
・地域社会に対する責任と適切な労働環境をつくる。

このようにMSC認証を取得した水産資源や環境に配慮した漁業で獲られた水産物、環境と社会への影響を最小限に抑えたASC認証を取得した養殖場で育てられた水産物などは、いずれも「サステナブル・シーフード」と呼ばれている。

大手スーパーなどで、こうしたサステナブル・ラベル付きの商品を見かける機会が多くなった。たとえば、イオングループでは、MSC、ASCの推進を行っており、水産物のうち金額に換算して、その20%をMSC・ASC認証の水産物にし、消費者がいつでも店頭で購入できることを目指す。

セブン＆アイ・ホールディングスでも、2030年までにオリジナル商品で使用する食品原材料を持続可能な材料が50%使用されたものへ、2050年には、持続可能な材料を100%使用するものへシフトすると宣言している。

パナソニック株式会社のように社員食堂でメニューの1つとしてサステナブル・シーフードを提供する企業もあり、サステナブルな資源利用を考慮した魚や貝類に触れる機会は増えている。日本の生産者でも、宮

城県にある明豊漁業のカツオや南三陸の戸倉のカキをはじめ、MSCや
ASCの認証取得が広がりを見せており、消費者とって認証の存在を身近
に感じるだけでなく、認証を通して環境保護の大切さへの理解も深まる。

Column

「南三陸のかき養殖場」の取り組みと日本への期待

　2016年、日本でASCを最初に取得したのは、南三陸（宮城県）の
かき養殖場である。東日本大震災では地震・津波などの大災害に直
面したが、震災復興の段階で、国の補助制度「がんばる養殖復興支
援事業」を活用して、自分たちも養殖のあり方を見直すことになっ
た。養殖場が過密だったためかきが育ちにくく、南三陸のかき養殖
は震災前から身が小粒になっており、出荷サイズに育つには3年を
要していた。だが、漁業権という既得権益もあり、誰も手をつけら
れずにいた。

　しかし、震災から復興し、南三陸地区が、かきの漁港として再出
発するために、「過密状況な養殖」から「かき養殖用の筏の間隔を
あえて広くする養殖」に変更することを決断。数十年先のことも考
えて、養殖するかきの量は減らすが、品質のよいものを1年で生産
できるしくみづくりをすることにした。

　苦渋の決断と、参加メンバーの日々の努力が実り、大きくしっか
りしたかきへと成長した。こうして消費者に喜んでもらえるかきの
養殖が可能となった。

　ASCの基準内容と合致するビジョンが、養殖経営にも反映される
ことで、南三陸地区で働く人たちに受け入れられ、ここで養殖の仕
事につきたいという若手が増えるなど、認証が少なからず変化のき
っかけに貢献したという話もある。

　認証を取得するまでのプロセスは、絶滅危惧種や環境影響、生物
多様性などへの配慮も求められるため、調査結果やエビデンスを集
める必要もあり、さまざまな調整や利害関係者との協力体制が必要

にもなる。だが、国内外の事例から報告されているが、毎年審査を行うごとに、環境改善がより良くなっている結果もある。

　また、漁業者や漁業従事者の間で、カツオやビンナガマグロや、環境に対して負荷が小さいと言われる一本釣り漁業でのMSC取得が増えてきており、世界に向けたサステナブル水産業が期待されている。

　伝統漁法で釣った魚は「おいしく、鮮度もいい」と消費者からも評判で、高値取引がされることから、船主の高齢化や人手不足、後継者問題といった厳しい現状を突破する糸口になっている。

　では、具体的に水産の認証制度には、どのようなものがあるのだろうか。主だった認証をあげたのが図表4-9である。

　水産の認証には、MSCやASCのほかに日本から誕生したMEL（マリンエコラベル・ジャパン）、BAP(Best Aquaculture Practices)、GLOBALG.A.Pの水産認証、そのほかアラスカシーフードマーケティング協会のような産地証明制度もある。

　次々と認証制度が生まれ運用されているが、デジタル技術を使用したデジタルサプライチェーンの把握による認証原材料や取引量の把握も進められつつある。デジタル技術の活用で、企業と企業の間や部署間のデータのやりとりを可視化することで、タイムリーかつ正確に、サプライチェーンの状況を把握することが可能となる。結果的に、漁業や養殖の

図表4-9　水産の代表的な認証制度

認証名	MSC	ASC	マリン・エコラベル・ジャパン（MEL）
スキームオーナー	海洋管理協議会（MSC：Marine Stewardship Council）	水産養殖管理協議会（ASC：Aquaculture Stewardship Council）	一般社団法人マリン・エコラベル・ジャパン協議会
対象品目	天然の水産物	養殖の水産物	日本の天然および養殖の水産物

認証取得者の業務の負担を減らすことができ、サステナビリティ推進の加速が期待できる。

さらに、水産庁では漁獲可能量（TAC）による管理対象魚種を拡大する方向にある。TAC制度は、対象とする魚種の漁獲可能な上限の数量を定め、漁獲量がその数量を上回らないように管理をすることだ。新漁業法による新たな資源管理制度で、10年前と同程度まで漁獲量（目標は444万トン）を回復させる計画である。

民間でも新たな動きがある。宮城県の株式会社臼福本店では、タイセイヨウクロマグロで世界初のMSC認証を取得。すべてのクロマグロに電子タグを付け、その履歴を追えるようにしてから出荷する。

行政・民間を含めて水産物の環境保全に関する活動は活発化しているが、この取り組みは一部のトップランナーや専門チームによる活動に見えるかもしれない。たしかに、NGOや学者、ジャーナリストからの指摘などにもあるが、改善への余地と未着手部分もある。

特に、国境を越えて回遊する魚の生態系や生息地を保全するために、人間が資源として管理する手法が、果たして適切なのかについては証明されていない。国をまたがる場合は、ガバナンスも問われる。まだまだ議論すべき点があると私は考えるが、同じ土俵に立ち、これからの水産のあり方が語られることになったことに関して、大きな価値がある。

林業・製紙

6 「6割の木材」調達を輸入材に頼る日本

「衣食住」の「住」環境にフォーカスすると、多くの木材に関わって私たちの暮らしが成り立つことに気づく。たとえば、家具の材料、紙の材料もそうだし、木材チップは燃料にも使われている。生活する場面で、多くの森林資源の恵みを受けていると言えよう。

ところで、日本の森林面積は約2500万ヘクタールで、国土の67％およそ３分の２が森林に覆われる。スギやヒノキが多いのは、戦中に軍需

物資として広葉樹が伐採され、戦後、建築用の木材として経済的な価値が高いとされる針葉樹が拡大造林政策として1950〜1970年の20年間に750万ha植林されたことによる。その後、貿易の自由化により、海外から安価な外材が輸入されるようになった。

　ここ数年の木材に関する動きは、国内生産量が増加しているものの、2022年の木材自給率は40.7％であり、その6割をいまだに輸入材に頼っているわけだ。紙の原材料となるパルプも、100％近くを海外から輸入する。輸入先はアメリカ、カナダ、ヨーロッパ、ロシア、アジアと広範囲にわたる。世界の木材生産量に占める貿易量は数パーセントしかないが、日本は輸入材に頼っており、社会問題になっているのが、アマゾンに代表される森林資源の減少だろう。熱帯雨林はその木材利用としての伐採の影響のみならず、保護価値の高いエリアであり、わずかな陸地面積の中で、貴重な多種の動植物が生きている。

　では、森林が減ることの何が問題なのか。それは森林に住む多くの生き物たちの命を奪うことであり、生物多様性の減少を意味するからだ。また、絶滅に瀕する動植物、気候の安定に重要な働きを持つ熱帯雨林なども公益的機能（経済的側面以外の外部性に関わる機能のこと）があるが、その役割を果たすことができなくなる。

　それにしても、なぜ、森林破壊が起こるのか。無責任・無計画な木材資源調達のために伐採する、森林を農地や牧草地へ転換する、地下資源を採掘する、燃料用木材の需要が増加している、森林火災などが起きているなどが理由として挙げられる。

► パッケージや紙袋などで目にするFSC認証

　森林破壊の現状を踏まえて1986年に発足したのが、ITTO（International Tropical Timber Organization／国際熱帯木材機関）だ。熱帯林資源の保全と持続可能な経営、利用、そして持続的かつ合法的に管理された熱帯木材資源の貿易拡大と多角化を促進している政府間組織だ。ITTOは持続可能な森林経営の目標を掲げる。具体的には、

- 森林から得られる財や環境サービスに対する需要を継続して満たす。
- 森林土壌、水、炭素貯蔵の保全を確保する。
- 生物多様性を保全する。
- 炭素貯蔵を含む森林のレジリエンス（回復力）と再生能力を維持する。
- 森林に依存する地域社会の食糧の安全保障と文化および生活のニーズを支援する。
- 森林経営における責任の公平な分担と、森林利用に起因する利益の公平な共有をする。

ITTOでは、持続可能な森林経営について、「森林製品およびサービスをその本来の価値と将来の生産性を過度に低下させることなく、また、物理的・社会的環境に過度の望ましくない影響をおよぼすことなく、持続可能な森林製品およびサービスの生産に関して、1つ以上の明確な目標を達成するための森林経営のプロセス」であると定義づける。

すでに触れた繊維・アパレルと同様に、森林由来の木材や紙も、サステナブル調達が求められるようになってきているわけだが、2025年開催予定の大阪・関西万博の持続可能性に配慮した調達コードでは、物品別の個別基準（木材・紙）の調達基準がいち早く策定されている。内容は、

- 伐採するうえで、原木の生産された国、または地域における森林に関する法令などに照らして手続きが適切になされたものであること。
- 中長期的な計画、または方針に基づき管理経営されている森林に由来するものであること。
- 伐採するうえで生態系が保全され、泥炭地や天然林を含む環境上、重要な地域が適切に保全されており、また、森林の農地などへの転換に由来するものでないこと。
- 森林を利用するうえで、先住民族や地域住民の権利が尊重され、事前の十分な情報提供に基づく自由意思による合意形成が図られていること。
- 伐採に従事する労働者の労働安全、衛生対策が適切に取られている

こと。

　などだ。これらの条件が満たされているのかを知るには、自ら現地へ足を運び確認することが求められるが、容易なことではない。しかし、確認する手段としては、FSCなどの認証がある。1994年にスタートし、紙製品（ノート、トイレットペーパー、ティッシュなど）などの認証活用は活発だ。森林の認証と言われるFSCについても触れておこう。

　適切に管理された森林と、その森林由来の木材や紙の調達が適切に管理されているかを認証しているFSCでは、木製品（建材、家具など）や紙製品など木質由来のものを認証対象としている。環境保全団体であるWWFなどのNGO、そして林業関係者や先住民など、環境・社会・経済

(15)秒で 「FSC」の大わくを知る

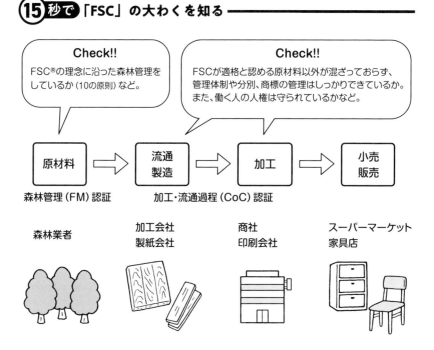

Check!!
FSC®の理念に沿った森林管理をしているか（10の原則）など。

Check!!
FSCが適格と認める原材料以外が混ざっておらず、管理体制や分別、商標の管理はしっかりできているか。また、働く人の人権は守られているかなど。

原材料 → 流通製造 → 加工 → 小売販売

森林管理（FM）認証　　加工・流通過程（CoC）認証

森林業者　　加工会社 製紙会社　　商社 印刷会社　　スーパーマーケット 家具店

の各分野の利害関係者などが集まり、会合が開かれ誕生した。

　FSC認証にも、「FM認証」と「CoC認証」の2種類がある。前者の
FM認証は、FSC森林管理基準の規定を満たす森林管理者に与えられる
認証だ。後者のCoC認証は、FM認証を受けた森林から切り出された木
材の流通から製造・加工におけるプロセスを認証するものである。

　このチェーンがつながってはじめてFSCのラベル付き製品が小売店に
並び、消費者の手に届く。FSC認証には、責任ある森林管理のため10の
原則がある。

・法律や国際的なルールを守っていること。
・働く人の権利や安全が守られていること。
・先住民族の権利を尊重していること。
・地域社会を支え、よい関係を築いていること。
・さまざまな森の恵みを活かし、それらを絶やさないこと。
・豊かな森林の自然環境を守ること。
・いろいろな意見を聞きながら、森の管理を計画すること。
・森や管理の状態を定期的にチェックすること。
・環境や文化など、その森が持つ大切な価値を守ること。
・環境に配慮した管理活動をきちんと実施していること。

　最近では、FSC認証を受けた紙をパッケージに利用している商品も多
く、日本では急速に、紙製品でのFSC認証を取得する企業が増えてきた。
なぜなら農業や水産と同様、大手小売店や飲食店をはじめ、大手企業を
中心に調達方針の中にFSCについて触れているところが多く、企業で製
品に使うパッケージや製品を流通されるときに必要なダンボールをFSC
指定にするなどの動きがあるためだ。

　その背景には、森林破壊に加担しない調達方針の証であるFSC認証を
取得（あるいはその製品を指定）することが、SDGsの達成に貢献に結び
つくこともあるのだろう。自社の製品や付帯するサービスと認証を活用
し、サステナブル調達の比率を上げていくことで、自社のブランディン

グとリスクの回避を実践している企業も少なくない。

Column

「フェアウッド提唱」サステナブルな家具づくり

　NGOと連携して「フェアウッド」を提唱する家具メーカーがある。「フェアウッド」とは、日本語に訳せば「公平な木」のことだ。森林環境や地域社会に配慮した違法伐採ではない木材・木材製品や、その利用方法のことを意味する。

　この精神に則り、サステナブルに軸足を置いたものづくりをし、家具の購入者に環境や人権を配慮することの大切さを知ってもらうツールとしてFSC認証を活用する方法がある。

　この企業は、「フェアウッド」の目指す社会的価値を知り、家具メーカーとして、それまでの自社の意識が低かったことに気づき、サステナブル調達へと大きく経営方針を転換した。10年以上前のことだ。

　とは言え、「フェアウッド」のものを使う大切さを多くの人たちに知ってもらい、購入にまで導くのは、そんなに容易なことではない。そんな悩みを解決する糸口として、環境や森林保全に力を入れるNGOと目指すビジョンが同じであるということでつながり、フェアウッドの方針づくりに取り組んだ。

　また、少しでも多くの人たちに「フェアウッド」のこと知ってもらうには、どういう活動があるのかをプランニングする協働作業もスタートした。

　そのネットワークを形成プロセスは、まさしく志のある経営者と、NGOや森林にくわしい専門家などとのパートナーシップである。

　こうして日本の山、森、そこで暮らす人々が本音でつながり、生産、加工、販売まで一貫して取り組むことができるようになった。その製品がいつ、どこで、誰によってつくられたのか──目の前にある家具に使われている木が、どこで生まれて、どのように伐採さ

れ、誰が製材し、加工しているのか——そのすべてが追跡可能とするトレーサビリティが実現できたと言う。

　自らが動かし、木の調達先がどこなのかを確かめ、チェーンをつなぐ。この調達の過程で、FSC認証制度でつないだほうがよければ、それを使用する。認証取得は「SDGsへ貢献する姿を世間にPRするためのもの」と位置づけているケースもある中で、「はじめに認証ありきではない」この取り組みの価値は高い。

　国際社会の中では、「森林破壊ゼロ」の動きがある。この家具メーカーとNGOなどの協力体制は、サステナブル調達の実践と森林との向き合い方として、1つのモデル事例だと、私は考える。

　森林認証で、国内で展開するFSC以外の認証には、PEFC（Programme for the Endorsement of Forest Certification Scheme）、SGEC（Sustainable Green Ecosystem Council/緑の循環認証会議）がある（図表4-10）。1999年に発足したPEFCは欧州地域の「汎欧州森林認証制度」（Pan European Forest Certification Schemes）であった。2003年に北米や豪州などヨーロッパ以外の諸国が加わり、国際化が進んだため、「PEFC森林認証制度相互承認プログラム」と改称し、現在にいたる。

　FSCが環境保護団体を中心にして設立されたのに対し、PEFCやSGECは森林業界を中心に発起してきた関係もあり、取得するまでのプ

図表4-10　森林認証

認証名	FSC	PEFC	SGEC
スキームオーナー	森林管理協議会 Forest Stewardship Council	PEFC森林認証プログラム Programme for the Endorsement of Forest Certification schemes	緑の循環認証会議
対象品目	林産品：紙商品、木材商品、森林から産出される非木材製品	林産品：紙商品、木材商品、森林から産出される非木材製品	林産品：紙商品、木材商品、森林から産出される非木材製品

ロセスや視点に違いがある。具体的には、FSCは森林管理に対し独自の基準で審査をして認証するが、PEFCはアジアや南米ほか、アフリカ地域を含めて相互承認を実施する。日本ではSGECと相互承認されており、林業や木材を中心に認証が広がっている。

　1992年の地球サミット以降、各国間で持続可能な森林経営のための基準・指標策定のための検討を実施。政府間プロセス基準がまとめられていった。その中で、先述のITTOのほか、ヘルシンキ・プロセス（欧州）やモントリオール・プロセス（環太平洋）などがあるが、PEFCでは、政府間プロセス基準が重要視されている。もともとヨーロッパ各国の森林認証制度を相互に認め合うためのしくみだったが、グローバル展開へと変化した。

 パーム油

7 「食品から洗剤まで」幅広く含まれるパーム油

　世界で最も多く生産されている植物油が、アブラヤシの実から採れる油「パーム油」だ。日本ではパーム油として店頭に並ぶことがほとんどなく、日常生活には無縁であると思われがちだが、さまざまな食材や消費財に姿を変えて使われている。

　たとえば、パン、ポテトチップスなどのスナック菓子、唐揚げなどの惣菜の食用油などの食品利用が8割、残り2割は洗剤やシャンプーや石鹸に使われている。原料となるアブラヤシは、インドネシアやマレーシア、タイなど熱帯の国々で栽培されており、この数十年間で生産量が増加。今後も増え続けていくことが予想される。

　なぜ重宝されるのかと言えば、パーム油は収穫量が多く、生産効率も高いため、安価で販売できるからだ。市場からのパーム油のニーズが高まっていることもあり、それと比例するようにパーム油を生産するためのプランテーション開発は著しかった。

　だが、東南アジアの熱帯林破壊の原因の1つにアブラヤシの生産があ

ると言われ、問題視されてきた。熱帯の森を壊して、一面をアブラヤシ農園に転換してしまった結果、多くの課題を引き起こしているわけだ。

特に顕著なのが、インドネシアやマレーシアのスマトラ島やボルネオ島の開発だ。世界でも珍しい泥炭地があるエリアで、多くの炭素が蓄えられている。この地にアブラヤシを直接、植えることができないため、土中の水を蒸発させて木を伐採。その土地を燃やして整地してアブラヤシを育てるが、そのときに大量の温室効果ガス（メタンなど）が放出される。

さらに、熱帯林を消滅させることで、多くの野生動物の食べ物やすみか、命も奪う。オランウータンやアジアゾウなどが、悲惨な死をとげるレポートを目にしたことがある方もいるだろう。

アブラヤシの木を育て、そこからパーム油を採取する作業でも、人権を無視した強制労働や児童労働などの問題があとを絶たない。上空からそのエリアを眺めて見ると一目瞭然だが、アブラヤシの木を大規模にプランテーションしており、世界中で安価で使い勝手のよいパーム油のニーズが高まった背景から、小規模農家から大規模農園に至るまで、パーム油産業の従事者が増加した。

また、土地を開拓し、貴重な熱帯林を破壊しアブラヤシの木を増やすことも問題視されているが、環境破壊や人権侵害、泥炭地の人為的な火災もあり、気候危機を助長するような現象が起きている。この課題は、パーム油を使うのをやめるだけでは解決できない。パーム油の生産性は極めて高く、1ヘクタールの土地からできるパーム油の量はおよそ3.8トンだ。それに比べて菜種油は0.59トン、ヒマワリ油は0.42トン、大豆油は0.36トンと少ない。1トンのパーム油をつくるのに必要な面積が0.26ヘクタールに対して、1トンの大豆油をつくるには、2ヘクタールの土地が必要となるという試算もある。

そのためパーム油の生産効率を下げるわけにはいかず、課題がわかっていても、なかなか手をつけられない。また、アブラヤシの生産には、大企業だけでなく現地に暮らす多くの小規模農家も携わっているため、「パーム油を使うのをやめる」ことは、彼らの暮らしをおびやかす。

そんな中、パーム油の生産を続けるための手段として設立されたのが、RSPO（Roundtable on Sustainable Palm Oil／持続可能なパーム油のための円卓会議）という国際組織だ。持続可能なパーム油の生産を推進しようという活動で、RSPOでは8つの原則に沿った基準を策定している。

・**透明性の担保**――透明性へコミットメントする。
・**法令遵守**――適用法令と規則を遵守する。
・**長期的な実行可能性**――長期的な経済・財政面における実行可能性へコミットメントする。
・**ベストプラクティスの採用**――生産および搾油・加工時におけるベストプラクティス＜最善の手法＞を採用する。
・**環境・資源・生物多様性の保全**――環境に対する責任と資源および生物多様性の保全をする。
・**従業員・地域住民への配慮**――農園、工場の従業員および、影響を受ける地域住民への責任ある配慮をする。
・**責任ある開発**――新規プランテーションにおける責任ある開発をする。
・**継続的改善**――主要活動分野における継続的な改善へコミットメントする。

　RSPO認証のラベルがついたパーム油は、8つの原則を満たす製品である証となる。熱帯雨林やそこに生息する生物の多様性、森林に依存する人々の生活を守ることを意味し、価値がある。

▶ 環境と働く人の人権を守る認証「RSPO」

　日本では、食器洗剤やコスメなどを手がけるサラヤがいち早くRSPOに加盟し、認証取得をはじめ生産現地の保全活動などに取り組んできた。サラヤの考え方については第5章を参照してほしいが、ここでは、環境問題・社会課題の解決への取り組みが他社よりも早かった、洗剤やシャンプーなどを販売する大手生活用品メーカーの取り組みに触れていくことにしよう。

　2020年、花王株式会社は製品を製造する過程に使用されていたパーム油を「RSPO認証の調達ガイドライン」に合わせて、持続可能に配慮したRSPO認証油に切り替えた。

　市場ではパーム油からつくられる日常品や生活用品などの需要が増えてはいるものの、アブラヤシ農地をつくるために森林が伐採されてきたことを知り、企業活動をするうえで、社会的な責任があると感じたからである。そこで、サステナブル経営を自社の重要な戦略の1つに位置づけ、環境・社会への配慮を重要課題として、自社製品の原材料を調達するようになった。

　具体的には、「どこの農園でパーム油を取っているのか」「どこのパーム搾油工場で加工をしているのか」まで、さかのぼれるようにした。さらにパーム油に対する認証の取得を支援する「SMILE」プログラムにも参画している。現地のNGOなどと協力し、小規模パーム農家の支援にも取り組み、農園で働く人たちの生産性向上にも貢献するものだ。

　パーム油の認証には、どのようなものがあるのか。この分野の認証には、RSPOのほか、マレーシアのMSPO（Malaysian Sustainable Palm Oil）、インドネシアのISPO（Indonesian Sustainable Palm Oil）がある。

　RSPOは、グローバルな認証であり、NGOや企業が中心となり誕生。その後、インドネシアのISPOが追従する。MSPOやISPOはパーム油を生産するなら、マレーシアやインドネシアでは、取り組むことが必須条件だ（図表4-11）。

図表4-11　パーム油の代表的な認証制度

認証名	RSPO	MSPO	ISPO
スキームオーナー	RSPO：Roundtable on Sustainable Palm Oil	MSPO：Malaysian Sustainable Palm Oil	ISPO：Indonesian Sustainable Palm Oil
対象品目	パーム油、パーム核油およびそれらの派生物を原料とした製品	パーム油、パーム核油およびそれらの派生物を原料とした製品（マレーシア）	パーム油、パーム核油およびそれらの派生物を原料とした製品（インドネシア）

ところで、パーム油の認証制度は、ほかの認証と比べて、制度の開始が後発であった。そのため認証制度ができてから日はまだ浅いが、パーム油の認証制度を広げるために、食品業界や洗剤・石鹸・トイレタリー、化粧品業界をはじめとする、さまざまな業界が動いた。また、JaSPON（Japan Sustainable Palm Oil Network／持続可能なパーム油ネットワーク）が設立され、業界を問わずRSPO認証とサステナブルな取り組みが進められている。

　パーム農園との関係をどう築いていったらいいのか。信頼性をどう担保するのか。特に環境や人権NGOからの指摘も多い森林破壊を抑えるために、高騰する価格と折り合いをつけるのかもある。まさに、「サステナブル経営」が求められる中で、これからのパーム油とのつきあい方が問われる。

そのほか

 ## 業種・分野を問わず広がる国際認証

　ここまで５つの業界の課題やサステナブル視点の取り組みについて紹介してきた。このほかの業界・分野でも国際認証は存在する。一部であるが、そのポイントを紹介しておこう。

▶ バイオマス──再生可能エネルギーの拡大

　日本では、再生可能エネルギーに際し、「再生可能エネルギーの固定価格買取制度」がある。再生可能エネルギーで発電した電気を電力会社が一定価格で、国が一定期間買い取ることを約束する制度だ。

　注目されるのがバイオマス認証だ。「FIT/FIP 制度が求める持続可能性を確認できるもの」と評価される。これは再生可能エネルギー発電事業者が発電した電気を卸電力取引市場や相対取引で売電をした場合に、基準価格（FIP価格）と、市場価格の差額をプレミアム額として交付する制度（FITでは市場取引は免除されるが、FIPでは市場取引が基本）である。

担保すべき事項や評価基準は、RSPOが軸として検討され、環境、社会・労働、ガバナンス、サプライチェーンの分別管理の担保、認証における第三者性の担保などが求められる。その基準を満たすものとして、RSPO、ISPO、MSPO、RSB（Roundtable on Sustainable Biofuels）、GGL（Green Gold Label）、ISCC（International Sustainability and Carbon Certification）、農産資源認証協議会のPKS（Palm Kernel Shell）第三者認証制度などがある。バイオマス発電の原料には、木質ペレットやPKSと呼ばれるパームヤシ殻などが挙げられる。調達地やサプライチェーンのサステナブル調達の担保が、エネルギー分野でも求められる。

▶ 花──花きの総合的な認証システムである「MPS」

花には、MPS（Milieu Programma Sierteelt）という認証がある。花きの生産業者と流通業者を対象とした業界全体の総合的な認証システムであり、環境負荷低減プログラムとしてオランダからスタートした。2004年に花き流通業のISOと呼ばれる認証システムFlorimarkと合体し、GROBALG.A.P.のベンチマーク認証となり、鮮度・品質保証、労働環境へと認証の幅を広げる。

これからは、花きの生産のみならず、流通と一体となって業界全体での取り組みが期待される。日本ではまだ取り組みは一部だが、母の日のカーネーションに導入されたり、MPSの花を扱う店舗も見られるようになりつつある。

MPSは生産者向け、市場向け、流通向けがあり、MPS-ABC（環境認証／生産過程の農薬・肥料・エネルギーなどの環境負荷低減への取り組みを認証）、MPS-SQ（社会的責任認証／従業員の雇用管理や社会的責任を認証）、MPS-GAP（生産工程管理認証／GLOBALG.A.Pに相当する花きの生産工程管理を認証）などが展開されている。

▶ コスメ──オーガニックコスメの認証「COSMOS」

コスメの認証では、主にオーガニックコスメのCOSMOS（Cosmetic Organic and Natural Standard／コスモス）認証がある。いくつかの認証が

あったが、ECOCERT（フランス）、BDIH（ドイツ）、COSMERIO（フランス）、ICEA（イタリア）、Soil Association（イギリス）の5つの団体が認証統一に向けて動いた。そして、COSMOS Standard AISBLが立ち上がった。主な要件は、

・有機農業で生産された製品の使用を促進し、生物多様性を尊重する。
・責任を持って天然資源を使用し、環境を尊重する。
・清潔で人の健康と環境に配慮した加工、製造する。

また、遺伝子組み換えが行われている作物の使用、動物実験の実施、ナノ成分の使用は、禁止されている。

オーガニックに限らず、コスメや美容院など、美しさにつなげる認証は今後も発展する可能性を秘めている。

▶ 動物福祉──「平飼い卵の要望」が高まる中で注目の分野

動物福祉（アニマルウェルフェア）とは、国際獣疫事務局（OIE）において「動物の生活とその死に関わる環境と関連する動物の身体的・心的状態」と定義されている。また、動物福祉の原則としてよく知られているのが、「5つの自由」だ。具体的には、

①飢えと渇きからの自由
②不快からの自由
③痛み、負傷、病気からの自由
④恐怖や抑圧からの自由
⑤自然な行動をとる自由

である。まだこの分野は日本では遅れていると言われるが、「国際獣疫事務局の陸生動物衛生規約におけるアニマルウェルフェアの国際基準を踏まえた家畜の飼養管理の推進について」が、2023年7月に農林水産省の畜産局長によって通知された。それにより、畜産について国際基

準であるOIEコード（採卵鶏はその案）により示されるアニマルウェルフェアの水準を満たしていくという基本的な考え方が示された。

国際的にはG.A.P.（Global Animal Partnership）のほか、動物実験の廃止を求めるInternational Partners、世界最大の動物の権利団体であるPETA（People for the Ethical Treatment of Animals）、CCF（Choose Cruelty Free）などがある。

また、平飼い卵の要望も日本でもあるが、床面を制限なく自由に動き回ることのできる鶏舎でのバーン方式、平飼いを多段式にしたエイビアリー方式などがある。また、ペットがお店で気軽に買えてしまう日本では、動物福祉を巡る課題は多い。いずれも国際認証としての厳密な審査体制など、その確立や普及には課題はあるものの、その機運が高まりつつある。

「この分野では新興国である」と言われている日本のアニマルウェルフェアだが、牛の放牧や鶏の放し飼いやケージフリー、豚の妊娠ストールフリーなど、少しずつその取り組みが広がることが期待される。特に工業畜産化してしまっている点を、「いかに牛、鶏、豚の命に対して尊厳を持ち接していくのか」が問われている。

▶ 観光──国連発のGSTCから観光庁が中心となり策定された「JSTS-D」

エコツーリズムや観光では、旅先での環境配慮などの取り組みは各地でなされてきたが、2008年、国連によってGSTC（Global Sustainable Tourism Council／グローバル・サステナブル・ツーリズム協議会）が発足した。

GSTCは、国際非営利団体であり、持続可能な観光の推進と持続可能な観光の国際基準をつくることを目的に活動。観光産業向けの基準と観光地向けの基準があり、United Sustainable Tourism Standard for Destinations（国連世界観光機関）の指示のもと開発された。国際連合環境計画（UNEP）などの国連機関、民間企業、NGOなどが、世界の150以上の団体と連携し、その適切性についてモニタリングされている。

2020年、日本ではこの基準をもとに「日本版 持続可能な観光ガイド

ライン（Japan Sustainable Tourism Standard for Destinations）」が観光庁により策定された。各地方自治体や観光地域づくり法人（DMO）などが多面的な現状把握の結果に基づき、持続可能な観光地マネジメントを行うためのツールとして活用されている。さらに、GSTCの認証機関でもあるグリーン・デスティネーションズでは、観光地向けの表彰・認証制度があり、Green Destinations Top 100 Storiesという認証までの段階的な表彰制度も設けている。

▶ 建築物──内装以外にエネルギーへの配慮も見る認証

　建築関係では、いくつか視点によって認証や評価システム、サステナブル素材の部分的な使用など取り組み方も多様だ。いくつかの認証制度や評価を見ると、WELL Building Standard（オフィスにおける建物と室内環境の認証制度）、DBJ Green Building（「環境・社会への配慮」がされた不動産、その所有・運営する事業者を支援する認証制度）、CASBEE（建築環境総合性能評価システム）、BELS（Building-Housing Energy-efficiency Labeling System／建築物省エネルギー性能表示制度）、LEED（Leadership in Energy and Environmental Design）、BREEAM（Building Research Establishment Environmental Assessment Method）などがある。国際的に展開されている認証から、国内中心のもの、評価方法までさまざまであり、自社が何をどうサステナブル視点で見せたいかによって選択も異なるだろう。

　また、FSCのプロジェクト認証では、建物や店舗の内装などで認証取得が可能だが、その素材がFSC材を適切に使用しているかなどが求められる。エネルギー、素材など建築物のサステナビリティをどう進めるのか、技術的な部分も含めて、検討がはじまっている。

▶ マネジメント・エコ・紛争鉱物──20年前に日本でも普及

　20年前から品質のISO9001、環境のISO14001のマネジメントシステムの認証は普及してきた。そのため企業や工場などで、事業者側が環境配慮に向けて、社内のマネジメントを行う取り組みは浸透している。さらに、サステナブル調達の視点では、サプライチェーンにおける確実な

サステナブル原材料の使用について確認がなされている。そのほか最近では、サントリーホールディングスが水の国際認証であるAWS（Alliance for Water Stewardship）を取得するなど、その範囲は多様だ。

エコマークやエコリーフなどの環境ラベル、LCA（ライスサイクルアセスメント）の見える化など、日本で以前から推進されてきている環境配慮の認証やラベルも、多数存在する。

鉱物資源については、RMI（Responsible Minerals Initiative）のRMAP（Responsible Minerals Assurance Process）認証などがある。この分野は紛争鉱物など、武装勢力による人権侵害や紛争への加担しないことも重要だが、サプライチェーンの上流の課題はリスクであり、それを回避し、緩和するためのガイダンスがOECDから提示されている。製錬・精製業者のデューディリジェンスや、リスク評価について言及する。

2013年には、アメリカで製品にコンゴ民主共和国やその周辺国で産出されたか否か、紛争への関与の調査報告などを求めるようになり、EUでも紛争鉱物規則が2021年施行された。紛争だけでなく、人権・環境・不正リスクから鉱物（金、コバルト、タンタル、スズなど）問題まで、サステナブル鉱物の調達の必要性が高まる。

鉱物資源に対しては、ジュエリー関係も無関係ではない。映画「ブラッド・ダイヤモンド」が以前に公開されたが、ダイヤモンド・金・銀・プラチナ・カラーストーンなどに対して、RJC（Responsible Jewellery Council／責任あるジュエリー協議会）という認証がある。

宝飾業界を対象としており、カルティエなどグローバルなブランドの企業がメンバーだが、日本でもハスナやミキモトなど７社が取得（2023年12月現在）。これまでこの業界は、宝石の見た目に美しい輝きを持つその裏で、目を背けたくなる強制労働など劣悪な労働環境があったが、見事に状況を改善した。どのようなストーリーで生まれた製品なのかを明らかにする企業姿勢に消費者の目が向く。

また、カーボンニュートラルへの取り組みも注目されており、先述のISCC（International Sustainability and Carbon Certification／持続可能性および炭素に関する国際認証）のほか、各産業の脱炭素化への期待も高まって

いる。特に製造業の中でもCO_2排出量は大きく、日本では３分の１を占めると言われている鉄鋼業では、グリーンスチール、グリーンアルミニウムの調達が、重要となるだろう。再生可能エネルギーを活用し、CO_2の排出を抑制して製造されたグリーンアルミニウムなど、アップル社をはじめ導入が進みつつある。鉄鋼業や自動車関連など、影響力が大きい産業において、本格的な取り組みが期待される。

これまで見てきたように、各業界や製品・サービスに対する認証もさまざまである。当然、認証取得を試みる場合には、費用や手間がかかったり、通常の業務からさらに負荷がかかる可能性も否定できない。「それでも取り組むべきなのか」についての判断は、自由であり、変動的な要素があるものばかりである。

海外で認証取得者と話をするときに、よく聞くコメントとして、「サステナビリティへの取り組みをさらに高めるために、より厳格な基準や認証に挑戦し続ける」。あるいは、「取引先にどんなものでも自信を持って提供したいから、取得できるものがあれば積極的に取り組んでいる。それを同じ業界のメンバーにも働きかけて、ともにサステナブルな機運へと盛り上げていきたい」という声もあった。

また、認証の形もPGS（Participatory Guarantee System／参加型有機認証システム）などもあり、多様な社会の中で、何をどう信頼し、取引や消費者が購入するのかという点では自由である。その中で、いくつか紹介してきた認証は、主に第三者認証に焦点をあて、明確な基準と厳正な審査や認証プロセスを重要視した。

今後も新たな認証が誕生したり、既存の認証のスキームオーナー同士がパートナーシップを組むこともあるだろう。どんなときでも、「誰の・何のための」認証なのかをよく考え、基準をおおいに参考にすれば、自社の経営に活かすことができるだろう。それが自社にとっても、社会や地球環境に対しても、消費者にとっても、価値がある取り組みにつながると私は考える。

第 5 章

実践編

国際認証を取得する
メリット・デメリット

生産から小売まで。
10社の取り組み事例から

ここまでいくつかの業界について認証の紹介をしてきたが、まずは、あなたが関係する業界に認証制度があるかどうかを調べてみてほしい。そのうえで、それぞれが掲げる認証の「基準」を読み込んでいくと、業界としてどのような問題意識を持ち、その課題を解決しようとしているのか、目指す方向が浮き彫りになってくるだろう。

　認証のスキームごとに表現は異なるが、共通しているのは、私たちが安心して暮らしていけるように、また地球環境を未来に向けて守るために「いま、やるべきこと」が示されていることだ。

　とは言え、本書では、すべての企業が認証を取得することをすすめているわけではない。私が理想とするのは、認証制度がなくても誰もが「地球の環境を大切にし、関係する人々が幸せであること」とする心得のもと生活することにあるからだ。認証制度は、そこに到達するためのステップでありツール（手段）にすぎない。

　そんなことも踏まえて、認証を取得することへの期待と懸念を紹介していく。まずは、期待を思いつくままに挙げることにしよう。

▶あなたが認証取得を検討しているならば、1つめのグループの「認証取得への期待」の項目では、「自社ができそうなこと・やりたいこと」にレ点。2つめのグループの「認証取得への懸念」の項目では、「取得の検討を阻害していること」にレ点をつけてほしい。ここで確認するのは、レ点のついた数ではなくて、自社が目指したい方向性と、認証取得で可能となる業務内容が一致しているかどうかだ。

認証取得への期待

- ☐ 持続可能な社会、自然環境への貢献ができる。
- ☐ 消費者とのコミュニケーションがとれる。
- ☐ 新たな取引先とのビジネス展開ができる。
- ☐ サステナブルな要素の入った国際的なイベントへ参加できる。
- ☐ 海外への販路展開が可能になる。
- ☐ 第三者からの評価による自負が持てる。
- ☐ 社員のモチベーションアップにつながる。
- ☐ 未来への投資となる。
- ☐ 次世代への啓発、リクルートとなる。
- ☐ 出会いの広がりの場となる。
- ☐ 生産者や地域の人たちとのご縁ができる。
- ☐ 講演のオファーなど新しい展開ができる。
- ☐ 取材などメディアへの露出が増える。
- ☐ 市場の動向や海外の傾向を知ることができる。
- ☐ 経営戦略の武器になる。
- ☐ 安定的な調達ができる。
- ☐ 他社との差別化となる。
- ☐ 企業価値のアップ、付加価値がつく。
- ☐ 対外的な風評リスクの回避ができる。
- ☐ 審査を受けることでの新たな気づきがある。
- ☐ サプライヤーとの良好な関係性が構築できる。
- ☐ リスクによるサプライヤーの生産低下に対処できる。
- ☐ 自社の経営や事業がサステナブルかを判断できる。

☐ 自社の経営や事業が国際的に求められている水準が
　確認できる。

続いて、懸念について確認してみよう。

認証取得への懸念

☐ 基準が難解である。
☐ 英語や専門用語による馴染みがない。
☐ 理解するのが大変である。
☐ 費用対効果への不安がある。
☐ 書類作成、申請の大変さがある。
☐ 人材不足、時間不足、資金不足がある。
☐ 社内外の説得、基準の徹底に時間がかかる。
☐ 審査に通るやり方がわからない。
☐ 審査に落ちた場合の対応に自信がない。
☐ 認証を取得したものの活用ができていない。
☐ 認証を継続する意義がわからない。
☐ マネジメント側の理解がえられるか不安がある。
☐ 社員や現場が面倒だと思う。
☐ 取引先が認証取得を求めているのかわからない。
☐ 信頼のおける認証なのか不安である。
☐ 海外はわからないが、国内では取引先からも認証取
　得が求められていない。

さて、認証制度に、どんな印象を抱いただろうか。

認証を取得するきっかけはさまざまだろう。特に中小企業の場合、「大手企業のように社内にプロジェクトを組んで対応できるほどの余裕がないけれど、取引先からの要望で認証を取得しなければ、仕事が発注できない」と言われた。それでは将来のビジネス展開の道が閉ざされてしまうので、どんな内容なのかを調べているという話を聞く機会が増えてきた。

一方、消費者もサステナビリティを意識しており、それが購買行動にも反映されはじめている。環境や人権の配慮をしているのか、企業の姿勢を消費者が見ているわけだが、今後、ますますこうしたケースは増えてくることが考えられる。

認証をすぐに取るか、準備をして取るのか。ここは迷うところだが、それならスキームオーナーや認証機関、関係者が開催している勉強会やセミナーなどに参加してみることをおすすめする。そこでのつながりが、新しい展開へと道を開いてくれることもあるからだ。

もし、単独で認証取得がむずかしければ、1企業で認証を取得するのではなく、漁業組合や林業組合などのように、チームを組んで取得する方法もある。あるいは、結果的に認証を取得しなくても、その基準を知ることで視野が広がり、これからの仕事の方向性を見直す絶好の機会になる可能性もあるだろう。

また、多少のリスクはあるが、自社が取り扱う原材料の中で売上や扱い品目で比重が高いものだけ認証を取ることも考えられる。業務の中で優先順位を検討しながら順次、必要な認証について調べ、状況に合わせて取得を進めていく方法もある。コツコツ認証について学びを深める中で、現状の停滞気味のビジネスの打開策のヒントが見えてくるかもしれない。

また、認証との関連性は、自社の主力製品で取る方法だけではない。社内で社員食堂の食材や配る予定のノベルティを認証ラベルがついたものにするなど、企業の取り組み方には門戸が開かれている。それに認証を取得することへの期待や懸念は、実際に認証を取得したり、運用した

者にしか語れない世界でもある。

　やらない理由を数多く掲げるよりも、まずはできる部分からでいいので、1つずつ取り組んでみれば、見えなかった世界を知ることができ、社員やパート・アルバイト、取引先、お客様との関係が深まる可能性もある。ぜひ、多くの仲間とともに、孤独にならずに挑戦してもらいたいと願う。では、具体的に認証取得をした企業がどのように活用しているのか。認証を取得したメリットやデメリット、あるいは苦労話、具体的にどのようにして認証製品を調達しているのかなどを紹介していきたい。企業の生の声から、その実態が垣間見られることだろう。

　事例としては、原材料の生産に近い企業から、サプライチェーンの製造企業、小売や販売に至るまでの10社を紹介（順不同）するが、その業態によって取り組み方も、扱っている製品や認証にも違いがあることがわかる。これらの違いや特徴も踏まえながら、参考になる部分があればぜひ、自社に取り入れることも検討しながら読んでほしい。

　紹介する内容は、それぞれの企業の方たちから話をうかがったり、文面でいただいたものを長年、認証の仕事に関わってきた私の視点も入れてまとめた。

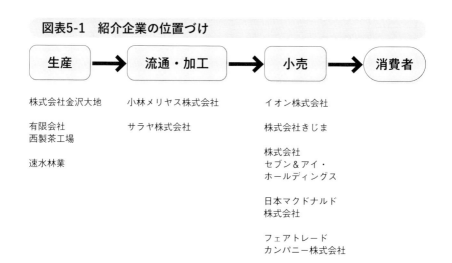

図表5-1　紹介企業の位置づけ

生産 ➡ 流通・加工 ➡ 小売 ➡ 消費者

株式会社金沢大地　　小林メリヤス株式会社　　イオン株式会社

有限会社　　　　　　サラヤ株式会社　　　　　株式会社きじま
西製茶工場

速水林業　　　　　　　　　　　　　　　　　　株式会社
　　　　　　　　　　　　　　　　　　　　　　セブン＆アイ・
　　　　　　　　　　　　　　　　　　　　　　ホールディングス

　　　　　　　　　　　　　　　　　　　　　　日本マクドナルド
　　　　　　　　　　　　　　　　　　　　　　株式会社

　　　　　　　　　　　　　　　　　　　　　　フェアトレード
　　　　　　　　　　　　　　　　　　　　　　カンパニー株式会社

2 企業の取り組み〈生産〉

株式会社 金沢大地

https://www.k-daichi.com/

石川県で環境保全型農業を営むオーガニックファームである農産工房金沢大地は、1997年に脱サラして農業をはじめた代表の井村辰二郎氏によって、2002年に誕生した。耕作放棄地を中心に耕し、金沢郊外や奥能登に位置する日本最大規模の広大な180ヘクタールの農地を使い、米、大麦、小麦、大豆、ソバ、野菜、ブドウなどを有機栽培している。

生産 → 流通・加工 → 小売 → 消費者

取り組む国際認証

有機JAS

金沢大地では、「千年産業を目指して」を経営理念に掲げる。米や大豆、野菜など自社農場の有機農産物だけでなく、それらを主原料とする味噌や醤油などの加工食品を企画・製造・販売する。加工食品であっても、農場および生産者までトレース可能な「生産者の顔が見える」食品づくりを続け、自社のオンラインショップとスーパーなどでも購入が可能だ。

グループ会社には金沢ワイナリーがある。金沢市内にある「金澤町家」を改修し、石川県産ブドウ100%使用のワイン醸造所を設置し、金沢大地グループで生産した有機農産物や農産加工品などを味わえる「地産地消フレンチレストラン」も運営する。

代表の井村氏は25年前に有機農業を志した際、日本国内では有機に

ついて語れる基準などがないことに気づく。農業についての海外事情を調べる中で第三者認証と出合う。

「化学物質に頼らないことを基本」に、自然界の力で農作物を生産していくことの重要性を知り、自社で認証を取得するために動き出したものの、有機JAS制度もなかった。そこで日本で最初のオーガニック認証団体であるJONA（特定非営利活動法人日本オーガニック＆ナチュラルフーズ協会）に相談し、認証制度について学んだ。

　当時は、対象となる圃場がヘリコプターによる農薬の空中散布を行っているためドリフト（農薬の飛散）の懸念があり、そのやり方を変更することにしたのだが、緩衝地帯の農作物の管理には苦労したと井村氏は話す。

　また、有機へ転換する期間中は、その管理や販売の方法がよくわからず苦心もしたが、有機JAS制度が整い、取得できたことで自社の基準が明確になった。それによって「環境保全型農業」の道が開けてきた。

　第三者認証を受けることの利点は、客観的に生産プロセスの健全性を検証できることであり、消費者や加工事業者への信頼関係が生まれたこ

河北潟干拓地での田植え

とだと言う。さらに自社で扱う農作物に「有機農産物の表示」ができたことで、消費者や取引先から安心して購入してもらったり、扱ってもらうことができた。

競争優位の源泉となると言われているバリューチェーンで、どのビジネスプロセスに自社の課題があるのかを追究した。また、有機JAS制度について学ぶ中で、同業者では着手しづらい自社の強みの把握も可能となった。それが業務変革へとつながった。

攻めの姿勢として2010年から有機農業の先進国であるドイツの有機食品見本市などに出展するなど、輸出への果敢な挑戦は現在も続く。

🔊 「事業と認証」の考え方

国際認証の中でも特に、有機農産物・畜産物など有機に関しては、国ごとに基準を定め、法整備を含めて制度化する。そんな背景からドイツのオーガニックの見本市などでは、認証取得者でなければ有機食品の見本市には出展ができないなど、「有機に関しての規制」やエビデンスの掲示が海外では厳しい。だからこそ、信頼性にもつながるという見方もある。

自然農業・自然栽培・環境保全型農業などナチュラルで自然に優しい農業はさまざまだが、有機農産物を取り扱う場合には、自称「オーガニック」では通用せず、取引先から認証取得をしているのか、そのエビデンスが求められることが多い。ここは押えておいたほうがよさそうだ。

最近、農業分野ではスマート農業（ロボット技術や情報通信技術を活用した省力化、高品質生産を実現する農業）などの取り組みが盛んだが、認証に携わる農家は、新しい技術の導入に積極的なケースが多く、ほかよりも農作業の自動化が進む。労働負担も減っているためか、高齢者でもとても元気に働いている。また、スマート農業に将来性を感じて農業ベンチャーとして参入する若手就農者も増えている。

農業ベンチャーとしてチャレンジ中の彼らは「おいしく、安全な野菜を自分の手でつくりたい」という強い思いがあり、有機農業を希望する傾向があると聞く。食料自給率が低い日本の中で、有機の面積比率を

2050年までに25％まで増やすという国の目標が掲げられているが、その施策が就農への新規参入を可能にしたり、世代を超えて共感を生んでいるとも言えよう。だが、この数値目標を実現させるのは簡単なことではない。

そんな変化が少しずつ起きつつある中、井村氏は日本オーガニック会議（有機農業を核としたサステナブルな農業やオーガニック市場の拡大を目的した会議）の実行委員長を務める。会議を運営する立場として、多くのステークホルダーの声を真摯に受け止め、時には寄り添い、時には持論も展開しながら、国やNGOなど多くの農業従事者と農業の未来に向けて語り合い、参加者の行動変容を促しているのが印象的である。

海外で有機について語ると、「あなたは有機農業者と名乗れるエビデンスがあるのか」が必ず問われ、認証を取得していなければ相手にされない。そんな厳しいマーケットでもある。しかし、国内においては、自然に寄り添う農業従事者たち、地産地消であることに価値を見いだし、農作物を生産する人たちへの評価も高い。

自然の力を活かし、化学肥料に頼らない農作物を生産するという意味では有機JASと同じように信念がある。ただ、誰がどのように、その覚悟を証明できるのか、という客観性があるのか、その違いだけなのではないか。

人間が自然環境を管理できる範囲は限られている。そんな自然環境に寄り添い、自然のエネルギーを借りながら、いかに農産物を生産していくのかが大切であり、そのアプローチ方法は１つでなくてもよい。

しかし、グローバル化が進む中で、農作物を日持ちさせるために化学肥料などを使うということが前提となっていることを念頭に置くと、安全性を担保しつつ今後、どのような方針で農業を営むのか。あるいは、消費者が地産地消の農産物を買いやすくするのかなど、井村氏や農業のサステナビリティに尽力されるメンバーが起こすムーブメントが、周りから理解され、環境に配慮した農作物が当たり前のように手に入る社会になることを期待する。

有限会社 西製茶工場
（Nishi Tea Factory Co.,Ltd）

https://nishicha.com/

> 　鹿児島県、霧島山麓の豊かな自然の中でお茶を生産する西製茶工場。霧島の自然との共存を大切にし、環境にやさしい農業を軸に、いつまでも本物を追求、チャレンジを続けている。経営理念は『誰もが安心して飲めるお茶』であるとし、『より良いお茶づくり』を目指すことを掲げ、煎茶や抹茶をつくる。

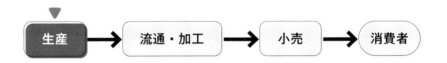

生産　→　流通・加工　→　小売　→　消費者

取り組む国際認証

レインフォレスト・アライアンス、有機JAS、NOP

　西製茶工場が、レインフォレスト・アライアンス認証に取り組むきっかけは、2014年に「フェアトレード認証を取得することはできないだろうか」と、お客様からの問い合わせがあったことだった。

　当時はアメリカやEU関連の輸出などにおいて、フェアトレードや環境認証への関心が高くなってきた時期であり、フェアトレード認証の取得を考えた。だが、フェアトレードは発展途上国向けの規格であり、日本の生産現場では取得できないことがわかり、レインフォレスト・アライアンス認証の取得を目指した。

　当時、この認証の申請はすべて英語だったため、日本語への翻訳能力

とその理解が必要となる。また、認証取得のために達成しなければならない項目がかなり多い。マニュアルもなく、内容も高度であるため、取得には柔軟な発想が求められる。

　たとえば、必須項目には、農業を行うときの知識である「環境に対する高度な配慮」「厳密な記録の保存」が必要だ。また、従業員に対しても「安全訓練」「複数の委員会の設置（2023年7月からは1つで可）」「社内ルール整備」など厳格な対応が求められ、それらをクリアするためには、従業員の理解と協力は欠かせない。レインフォレスト・アライアンス認証取得までの苦労は並大抵のことではなかったと言う。

　それでも認証を取得する意味はある。近年の世界的なSDGsへの意識の高まりで、「環境や人権への配慮など、持続可能な農業の推進に複合的に組み込む」レインフォレスト・アライアンス認証は、各分野で高く評価されているからだ。それもあり、取得によって商品のイメージアップが図れるだけでなく、新たな取引先とつながるチャンスが増えたそうだ。また、以前よりNOP認証（USDA／NOP）というアメリカのオーガニック認証にも取り組んでいたが、さらに活動が広がった。

　この認証を取得したメリットについて取締役である西一登氏は、認証取得のプロセスで、「どうしたら質がよく、おいしいお茶を消費者に届けることができるだろうか」という課題に丁寧に向き合ったことで煎茶、抹茶、玉露などの生産者として、一箇所ですべてのプロセスに関わる「ワンステップ型の経営」にたどり着いたと言う。

　国内では農家での取得者の数が少ないレインフォレスト・アライアンス認証を取得したため、製品に希少性も生まれている。その希少性に価値を見いだし、西製茶工場の製品を求める取引先も増えている。

　人材の育成については、認証を取得するプロセスで、従業員が働きやすい社内ルールを整えることができた。その1つとして休日を増やすことができた。現在では離職率も低く、20代の若手社員も増えている。

　IOT（Internet of Things／モノのインターネット）などの技術は、日進月歩であり、新しい技術の導入で合理化できるところも多い。だが、農業は人の介在を必要とするため、人材が育たなければ持続可能とは言えな

「レインフォレスト・アライアンス」の内部監査中

い。

「誰もが安心して飲めるお茶」という経営理念の実現に向けて、西製茶工場のレインフォレスト・アライアンス認証取得は、新たな事業展開を考えていくいくうえで、貴重な財産となっていると西氏は語る。

🔊 「事業と認証」の考え方

　日本の農業で、特に有機認証を取得している農家従事者は、生態系や景観などの自然環境を大切にする気持ちは、もともと高い。そのうえで、「農園の環境、土壌・水を含めた天然資源、生態系を守り、労働者の条件やその家族や地域社会を含めた教育・福祉などの基準」を満たす必要がある、厳しい基準で審査するレインフォレスト・アライアンス認証の取得は、実り多いものだったことだろう。

　また、この認証には、生産者に対する支援や環境・社会的配慮の要素も新たな規格によって反映されているため、「環境改善の底上げ」「日本での農業従事者の増加」につながると期待できる。

小売店やレストランなどでは、紅茶、コーヒー、菓子などにレインフォレスト・アライアンスのマークがついているのが確認できる。この認証は、人材の大切さを重視しているが、カエルのマークを目にする機会が身のまわりで増えていけば、親子、夫婦、友人の間で「キャラクターのかわいらしさ」の話題から、この認証が生まれた背景やストーリーも合わせて伝えていくことが可能になる。「カエルのマーク」は、幼い子どもでも認識できる。

　海外の生産者もさることながら、このように認証の取得は自社の強みともなりえるため、若手の新規就農も期待できるかもしれない。

　いままでレインフォレスト・アライアンスの認証取得者は、熱帯雨林のあるアジアや海外の農園が多かった。しかし、西製茶工場のように国内でもこの認証農園が増えてきている。身近なところでも、環境の多様性が保たれるようになる日も近いかもしれない。

速水林業

https://hayamiforest.com/

> 速水林業は1790年（江戸時代、寛政期）から三重県紀北町で林業
> を営んできた企業だ。この地に適した樹木、尾鷲ヒノキを生産の主
> 体とし、伝統を継承しながら事業を続けてきた。前代表の速水勉氏
> が「環境配慮型の森林経営」をスタートし、その精神を速水亨氏が
> 引き継ぐ。「最も美しい森林は最も収穫高き森林」として地域との
> 共生、自然との共生を目指す。

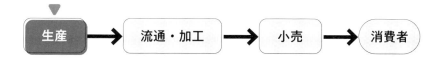

生産 ➡ 流通・加工 ➡ 小売 ➡ 消費者

取り組む国際認証

FSC

　林業は木が育ち、伐採され、製品化されるまでに時間がかかる。常に
100年先、200年先の社会や経済を念頭において事業に取り組むだけに、
サステナブルという考え方との相性もよい。また、中長期で事業計画を
立てる傾向にある業種なのだが、日本でFSCをいち早く取得したのが、
江戸時代から林業を営む三重県の速水林業だ。

　速水林業が環境配慮型の森林経営に着手したのは、先代の速水勉氏。
ヒノキやスギ以外の広葉樹の低木や下草を生やし、表面土壌の流失を防
ぐことで土壌を維持。間伐を欠かさずに日の光を入れて、明るい林をつ
くることで、生物の多様性を確保することを目指した。

　その理念を引き継いだ現代表の速水亨氏が、1990代の後半にISO14000

シリーズを森林管理に適応する国際的ワークショップに日本代表として参加した。当時、多くの森林木材関係者が日本では誰も意識していなかった第三者の森林管理を認証するシステムを重視していることに気づいた。具体的には、

①今後、日本でもこの認証システムが求められると考えたこと。
②自社の自然との共生を目指す方針とFSCの目指す方向性が一致していたこと。

　これらが、「自社の将来への投資となる」と位置づけ、FSC認証を選択し、国内初で取得することになった。
　認証を取得してからの変化としては、限られた木材関係者とのやりとりが日々の業務の中心だったのだが、消費者に近い流通販売業者との関係が生まれ、テレビなどのメディアにも注目されたことである。それに

速水林業の森

よって、ビジネスやそれ以外の人づきあいなどにおいても視野が広がった。

　また、社員たちが日常の暮らしの中でも、環境配慮などがしっかりできるようにもなったことは認証取得の効果だと言う。

　はじめて審査を受けたときは、「国内初の取得者」ということもあり、参考事例がなく情報収集、書類作成に非常に苦労したそうだが、取得できれば、継続はむずかしくない。近年は単独ではなく、地域での共同認証に参加したことで自社の費用負担も減り、その手続きもラクになったとも話す。何よりも地域での新たな情報交換の場ができたことは副産物である。

　ところで、速水林業がFSC認証を取得したことを契機に、日本でのサステナブルな林業を目指すアクションが起きた。その1つが企業グループ「WWF山笑会」（事務局・WWFジャパン）の発足だ。速水林業をはじめとし、紙製品を扱う三菱製紙、紙問屋の市瀬、印刷業界などが集まり、「世界の森林保全と再生可能な森林資源の持続的な利用に基づく社会を目指すことを基本理念とし、適切な森林管理および信頼のおける森林認証制度を推進」してきた。その後、日本森林管理協議会が設立され、FSCジャパンとして独立した。速水氏も副代表を務めており、FSCのスキームオーナーの日本法人として活動している。

　サステナビリティという言葉は「持続可能性」という極めて大づかみな言葉であり、具体的な意味を持たない。林業の場合は、資源の持続性、経営の持続性、生物多様性を主として環境の持続性、安全管理、倫理的配慮、教育、地域連携など、項目別に実践していくことで活用できる。

　特に国内の林業は政府の強い影響を受ける中で、速水氏が言う「自らが学び、自らが選択して、自らが行動する」をしっかり理解できることは重要である。

　現在、国内ではFSCは便利なツールであるが、どのように使うかの知恵がなければ、道具の持ち腐れになりかねないと速水氏は言う。このツールを活かした林業経営が日本でも今後、さらに期待される。

🔊))) 「事業と認証」の考え方

　FSCは森林管理、サプライチェーンのCoC審査時にも、認証材と非認証材の混在のリスクを避けるのは当然のことながら、「安全で健康な労働環境」を求める要求事項がある。

　そのほか、「結社の自由・団体交渉権の尊重」「強制労働の禁止」「児童労働の禁止」「差別の撤廃」という4項目を定めた中核的労働要求事項に関する方針声明の作成と、その実施を求める。また、「従業員への配慮」など社会的側面でも、対外的に健全な企業であることを主張することが可能となる。

　FSC認証の取得は、認証材の取り扱いに加え、サステナブル経営の側面を打ち出すチャンスにもなる。また、自治体で森林認証を受けた認証材であることを入札条件に加えたり、2030年までに「持続可能な社会を目指す国際目標」を掲げるSDGsに積極的に取り組む企業として自社が使用する印刷物にも使用できる。

　ところで、FSC認証は、自社のパッケージやそれに付随する包装紙や紙袋などの製品。あるいは、郵便はがきに使う用紙にまで幅広く活用されている。FSCのマークを目にする機会も大幅に増えた。

　FSCマークを身近に感じてもらえることは、伐採後の再造林率が30％台であり、国産でも持続可能な林業経営をされているとは断言できない現状を多くの人たちに知ってもらう機会になる。また、森林認証を取り入れることにより、日本の森の健全な管理が進むことにもなる。

　速水林業が70〜80年生きた尾鷲ヒノキを使い、地域の家具職人たちがチームを組んで椅子やテーブル、神棚、木製クリップボードまでをつくっているように、森林管理者と地域の伝統工芸師が手を組めば、国際水準のお墨付きのもと日本の伝統工芸を守り、後世までその技術を伝え続けることもできる。

3 企業の取り組み〈加工〉

小林メリヤス株式会社

https://kobameri.co.jp/ （オフィシャル）
https://cofucu.com/ （ショップ）

> 　戦前は絹糸の製糸業を営んでいた小林メリヤスだが、戦後、あまったシルクで子ども用のニットをつくったことをきっかけに、1949年の創業から一貫してベビー・子ども服を販売してきた。子どもたちの健やかな成長を願い、オーガニックコットンや天然素材を使い、国内製造にもこだわりながら山梨県南アルプス市で営業を続ける。

生産 → 流通・加工 → 小売 → 消費者

取り組む国際認証

GOTS

　小林メリヤスのGOTSの取得は、2009年にオーガニックコットンを主素材としたファクトリーブランドを立ち上げたときまでさかのぼる。ブランディングの一環で原綿の栽培から人と環境に優しく社会的に責任のあるものづくりを目指したかったため、認証取得を決断したそうだ。

　ところで、認証取得で大変なことと言えば、認証基準は新しい社会課題や動きに対応して、より厳しく審査され、バージョンアップされていくことだ（次はver.7）。それに対応していくことは労力を必要とする。また、その内容を社員全員に共有して理解していくことには、ある程度の時間と覚悟を要する。

しかし、小林メリヤスでは、中小企業が消費者や取引先から信用をえるためには必須条件と考えて、認証の取り組みを継続している。

　GOTSを取得し運用することは、SDGsとの親和性が高く、環境問題への取り組みや社会的責任を果たす企業として認知されている。これからは、中小企業にも当たり前のように環境や人権への配慮が求められるようになるであろう。認証取得は「社会的責任がある企業としてやるべきこと」に早い段階で取り組めたという大きな利点もあった。

　中小企業の悩みとして後継者不足などが挙げられるが、事業を継続していくうえでは、次の世代を担う人材確保と育成が必要となってくる。繊維業界では国内生産比率が約2％になった中で、日本人の技術者が、ものづくりを脈々とつなげていくことも、サステナブルな取り組みである。

編立工程の様子

　ところで、認証を取得したメリットの1つとして、環境問題や社会的な責任に対して意識を高く持つ人材の採用ができるようになったことだ。人材不足が叫ばれる中で、「小林メリヤスで働きたい」と希望する人が増えていることは、事業の継続と活性化につながっていると考えているそうだ。

🔊))) 「事業と認証」の考え方

　世界では多くの認証基準が存在していたが、前述のようにそれまでは乱立していた。その中で、オーガニックの繊維基準を示したGOTSは比較的まだ新しい認証だが、世界中で多くのオーガニック繊維の認証や製品化がされてきたことから取得した企業も多い。

　日本の場合は、繊維産業が分業体制で小規模であるため、認証取得に関する準備や費用負担は大きい。そのため取得を躊躇する中小企業も多く、以前から何らかの改善が必要になると指摘されてきた。

　ここは課題なのだが、日本のJOCAはGOTSの立ち上げメンバーの1組織でもあり、日本でどのように運用していくのがよいのか、小林メリヤスの木村彰社長も理事として活動しており、基準や団体の運用ほか、リーダーシップをとれている国とも言える。今後、中小企業が認証をとりやすい環境づくりも含めて、日本のビジネス形態に応じた展開は模索中だ。

　小林メリヤスの事例にもあるように、GOTSの取得で人を育てたり、人材の採用が可能になったという点は、高齢化という繊維産業が抱える課題である継承問題を考えても、注目したいポイントとなる。

　また、業界内の慣習（旧態依然とした労働者への配慮不足や工場での衛生管理など）や、ものづくりのノウハウが限られている人材に偏っていた側面がある中、GOTS認証制度の活用で棚卸しできるようになった。イノベーションの源泉になるということで、最近、知的財産の大切さが注目されているが、社内の財産である技術やノウハウの共有は、今後、企業が成長していくための勘どころとして期待が持てる。

　また、環境や人権課題に関心のある人たち向けに、エシカル消費の広報活動の一環として、消費者団体が制服やTシャツを展示し、GOTSを紹介することも多い。こうしたイベントやセミナーなどに参加した学生の間から、自分たちも身近なアイテムをGOTSの基準に合わせてつくりたいという要望もあり、企業とのコラボレーション商品も誕生してきた。ものづくりの企業が消費者とつながれる機会も増えてきている。外部の力も上手に借りながら、業界自体が変革しているように見受けられる。

サラヤ 株式会社

https://www.saraya.com/

「衛生」「環境」「健康」という密接な関係にある3つのキーワードを事業の柱とし、豊かで実りある地球社会の実現を目指すサラヤ。食器用洗剤やシャンプー、手指の消毒剤などの衛生用品や美容クリームなどを製造するサラヤの歴史は、1952年の殺菌・消毒効果のある石鹸の製造からはじまる。1971年には排水が素早く微生物に分解され、環境への負荷が少ない植物系食器用洗剤「ヤシノミ洗剤」の販売がスタートした。

生産 → 流通・加工 → 小売 → 消費者

取り組む国際認証

RSPO

　サラヤは、2004年にテレビ番組の取材をきっかけに、洗剤などの原材料の1つであるパーム油の生産地・ボルネオの生物多様性の危機を認識し、現地調査を行う。その過程でRSPO認証の存在を知り、加盟するとともに現地での環境保全活動を開始した。

　2010年には名古屋で生物多様性条約 第10回締約国会議（COP10）が開催され、生物多様性に特化した商品を開発することになり、SG認証原料（セグリゲーション／複数の認証農園でつくられた認証パーム油。非認証パーム油と混ぜることなく、認証油だけで最終製造者までバトンされるモデル）を使用した製品の開発を行った。

　SG認証商品としてRSPOのSCCS認証（認証パーム油のサプライチェーン

ボルネオ北東部サバ州「アブラヤシ小規模農家」を視察

でバトンシステムが確立されたことを示す認証）を取得した製品を製造した。

　その後、平成31年度グリーン購入法清掃分野の「手洗い石けん液、石けん」で、植物油脂が原料として使用される場合、持続可能な原料の使用が「配慮事項」から「判断の基準」へ格上げになった。すでに国際認証を取得していたことで、官公庁での調達案件獲得の機会を手に入れたと言う。

　RSPOは、東京オリンピック・パラリンピック、大阪・関西万博の調達用件にもなり、今後の大規模イベントでの調達案件獲得の機会となることも期待できるだろう。

　ただ、洗剤などの原材料としては、パーム油・パーム核油そのものではなく、ほとんどが加工された原料を使用する。日本市場では、加工原料までのサプライチェーン認証がつながっておらず、調達がむずかしい。

　非認証原料を調達し、B&C（ブックアンドクレーム）方式のもと認証油の証券が生産者と最終製品製造者・販売者間でオンライン取引され、クレジットを購入することになる。大部分を占めるパーム核油のクレジットの相場が乱高下するため、相場高騰時の調達がむずかしくなる面もあるそうだ。

　同社はRSPO認証油の調達だけでなく、各種のSDGsの達成に貢献す

る活動が評価され、「ジャパンSDGsアワード」をはじめ、サステナブル活動に関するさまざまな表彰を受けている。認証取得は、企業価値向上に確実につながっている。

🔊)) 「事業と認証」の考え方

アブラヤシからなるパーム油・パーム核油は有能な原材料として、食品・化粧品・洗剤石鹸などのトイレタリー製品、さらにはバイオマス発電に至るまで、その活用は多様だ。それゆえに、世界の植物油脂での使用量は最大である。だが、パーム油・パーム核油は、生産地域が限られるため、さまざまな議論を巻き起こす。たとえば、熱帯林破壊、アブラヤシ農園の開発で、森林や泥炭地に火入れする影響で引き起こされる火災、開発による森で暮らす先住民に対する人権侵害、禁止されているはずの児童労働が行われていることなどが挙げられる。

早急な解決が求められているのだが、赤道地帯に多くの生産地を持つアブラヤシ農園は、産業で使用する量から見ても、日本での生産はむずかしい。海外に原産地を頼らざるを得ない産品の1つとして、だからこそ、サステナブル調達のあり方が問われると言えよう。

日本に籍を置く企業で初めてRSPOに加盟したサラヤは、毎年行われるRSPOの円卓会議に2005年から出席し、日本の代表としてRSPO認証油の普及のために、農園オーナー、農民、商社などと環境に配慮したパーム油のルールづくりに向けて発言をし、活動を続ける。

認証取得の心構えとして必要なのは、基準の改定や運用に至るまで、それぞれの立場で積極的に参画する姿勢が求められる。サステナブルでかつ品質のよい原材料を原産地で生産し続けてもらう関係づくりをする中で、現地の小規模農家やNGOとともに地域の人たちと、認証という枠を超えた新たな挑戦や連携事例が生まれる。

サステナブル調達の体制ができあがったサラヤは、その先にある生産者支援や環境再生のような新たなチャレンジをしている。認証を取得したからおしまいではなく、企業がどのような活動を続けていけるのか、先進的なモデルになるのではないか、と私は考える。

イオン 株式会社

https://www.aeon.info/

> 　イオンは、消費者の暮らしを支える小売事業（量販店、スーパーマーケット）とディベロッパー事業（モール、タウン）などを中心に、ヘルス＆ウエルネス事業、金融事業などを国内外で展開する。グループとしてのサステナビリティへの取り組みは早く、「イオンサステナビリティ基本方針」として環境と社会の重点課題を挙げ、「持続可能な社会の実現」と「グループの成長」を目指している。
>
> 　フェアトレードについては、「日常生活を国際貢献と結びつけるパイプ役になってほしい」という消費者からの要望を受けて、2002年から積極的に取り組む。

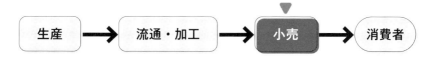

生産 ➡ 流通・加工 ➡ 小売 ➡ 消費者

取り組む国際認証

MSC、ASC、GLOBALG.A.P.、国際フェアトレード、FSC、RSPO、各種有機認証、4C認証

　イオンが小売事業で取り組む国際認証は、MSC、ASC、GLOBALG.A.P.、国際フェアトレード認証、FSC、RSPO、ISSC、有機認証などと幅広く、あらゆるジャンルにおよぶ。

　そのため「イオン持続可能な調達方針」「持続可能な調達目標」を掲げ、農産物、畜産物、水産物、紙・パルプ・木材、パーム油などで、グローバル基準に基づき生産された商品を調達する。

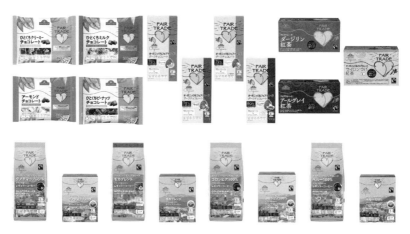

フェアトレード認証製品

　また、小売業という業種の性格を踏まえて、生産者のポリシー、目指すビジョンなどをリアルに消費者にわかりやすく伝えることも大切にしている。消費者が、サステナブルな活動に興味を持てる場をつくることも、小売事業を展開するイオングループの役割と位置づける。

　ただ、国内では認証商品を品揃えしたくても、まだまだ取得事業者が多いとは言いがたい。そのため取引先にトレーサビリティの確認に求め、CoC認証を取得の相談やアドバイスをすることもある。

　サプライチェーンで働く人たちとの話し合いを通して、「持続可能な社会」をつくる活動にかかわることができるのは喜びであり、大いに価値があるというのが同社の考え方だ。

　たとえば、認証制度を通して、世界の「自然資源の持続可能性」に取り組む生産者と新たなつながりを持てることもある。さらに、ラベルの普及推進のため、国内の小売事業者やメーカーが連携してイベントなどの教育啓発活動にも積極的に取り組んでいる。

　2020年、東京オリンピック・パラリンピックにあわせて同社では、認証を活用した「持続可能な調達」に、KPI（組織の目標を達成に向けた業績評価の指標）を設定し、グローバルな視点でグループを挙げて取り組んだ。

🔊》 「事業と認証」の考え方

　サステナブル調達に重要な「生産者の価値」を消費者に伝えるというのは大切な役割だ。そのために同社は「イオン持続可能な調達原則」に則り、調達の認証にいち早く取り組んできた。それとともに、「お客さまを原点に平和を追求し、人間を尊重し、地域社会に貢献する」という企業理念のもと、国際水準で自社の認証を選定し、活用してきた。

　どの分野においても、国内では認証が根づいていないころから取り組みはじめている。そのため認証のスキーム側へ働きかけをし、その考え方に耳を傾け、いいものであれば積極的に取り入れ、実践してきた。

　スキームや国内外の委員会へも積極的に参加し、ホストとして日本企業側を牽引し、日本の現状について情報発信をしている。必要に応じて、サステナブルな調達について国内でも議論が自由にできる場（プラットフォーム）をつくり、取引先、生産者、ステークホルダーへのあらゆるサポート体制などにも積極的である。

　グリーバンスメカニズム（人権侵害があった場合、適切な救済ができる環境を整える。相談窓口や問い合わせを踏まえた調査を行うチームを編成することなど）など、より積極的なサステナビリティの見える化を試みている。

　農業、水産、森林、パームほか、サステナブルな調達方針を具現化させるために、特にプライベートブランドにかかわる自社とサプライチェーンに関係する取引先、生産者、ステークホルダーへのあらゆるサポート体制などにも積極的である。グループ全体として社内外を問わず、認証を活用しつつも、人権やグリーバンスメカニズムなど、積極的なサステナビリティの見える化を試みている。イオンの取り組みからは目が離せない。

株式会社 きじま

https://kijimagroup.co.jp/

> 1980年に創業した「きじま」は、自社が開発した活魚輸送車で、浜から直接最高の素材を仕入れるルートを開拓。お客様からの注文のたびにさばく活魚「活けづくり」が名物の和食レストランだ。現在、神奈川県で5店舗を展開する。また、同社はレストランの安心・安全は「お客様を不安にさせない」という考え方のもと、「食の安全」「サステナビリティ」に積極的に取り組んでいることでも注目を集める。

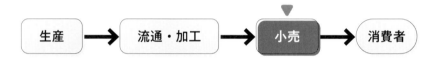

生産 ➡ 流通・加工 ➡ 小売 ➡ 消費者

取り組む国際認証

MSC、ASC、FSC、有機JAS

　きじまが取り組む認証には、サステナブル・シーフードの普及を目指すコンサルティング会社からの助言で取得したMSC、ASCがある。いずれも水産認証だ。また、本格和食店として魚介類の認証取得だけにとどまらず、有機JASや自然栽培の食材・調味料の導入、アニマルウェルフェアに配慮した畜産物の使用、FSC認証の木材を使用した店舗づくりなど、サステナビリティへの取り組みにも積極的だ。

　認証を取得したことによる気づきは、認証制度は決して「味の保証をする」ものではないということだと言う。もちろん、水産資源と環境に配慮し、適切に管理された水産物を取り扱っているため、お店で扱うのは鮮度がいい魚ばかりだ。

海幸盛

　とは言え、「海の幸」に関して見る目が厳しい日本の消費者には、「国際認証を取得しているサステナブルな水産物だから」ということを伝えるだけでは納得してもらえない。国内でMSCやASC認証を取得済みの水産物の絶対数が少ないため、調達がむずかしい時期もある。

　きじまでは、対外的に「サステナビリティ度」を客観的にお客様に示す必要があり、「きじま オーガニックチャレンジ」を打ち出した。きじまのサステナビリティ度を可視化する取り組みで、信頼性のある国際認証を指標（ものさし）として活用することで調達における「サステナビリティ度」を見える化した。

　具体的には、MSC認証の比率からアニマルウェルフェアへの配慮まで、自社のホームページで公開している。たとえば、2023年9月現在で自然栽培米は100％、有機JASと自然栽培などの農作物使用比率は73.12％、養殖魚におけるASC比率が100％、天然魚に占めるMSC比率が11.11％だ。

　信頼のおける国際認証を活用することで、「きじまのサステナビリティ・調達基準は勝手な解釈や自己満足ではない取り組みである」と、対外的に示すことが可能になった。お客様との新たな接点が生まれて、会話が弾むこともあり、お店にとっての好循環も生まれていると話す。

📢)) 「事業と認証」の考え方

　サステナブル・シーフード（持続可能な漁業・水産業で獲られた、あるい

は適切に管理された養殖業で育てられたシーフード）の取り扱いは、小売店はもとより、レストラン・外食産業、ホテル、そして個人で活動する料理家が食材として利用するなど広がりをみせている。

　理由としては、外資が中心となって活動していたサステナブル調達とその方針についての理解が国内でも深まり、導入が進んだこともある。

　レストランからのサステナビリティへの取り組みは、業界やレストランの従業員、取引先、訪れる消費者に至るまで、その影響力は大きい。さらに、消費者が日々の買い物で認証製品やサステナブルなものを選択しようと思っても、なかなかきっかけがないこともあるだろう。その点では、レストランなどの飲食店で、親しい友人との食事から特別な日の会食に至るまで、「おいしいものに、サステナブルというストーリーがあるものを選択すること」の意義は大きい。なぜならば、食を通して消費者の感性にその価値を伝えることができるからだ。

　きじまは「オーガニックチャレンジ」の中で、化学調味料・各種エキス類・保存料・合成着色料・合成香料不使用を掲げている。その実現は簡単なようで、実はむずかしい部分もある。食材・調味料などを自ら生産しているならともかく、どこからか調達しなければならないからだ。その中でサステナビリティの視点も入れるとなると、いかに生産者や取引先との友好な関係が築けているかも重要なのではなかろうか。

　きじまの事例はサステナブル・シーフードからオーガニックやFSCでのプロジェクト認証という店舗展開に至るまで、その業界の垣根を越えた取り組みが評価されている。キーパーソンでもある杵島弘晃氏は、アメリカでの修行経験もあり、グローバル視点での果敢な挑戦を続ける。

　私はサステナブル弁当をともに企画したことがある。国際イベントでサステナビリティを視点に入れているのに、その会場で食されるものがサステナブルではない、というのは矛盾が生じるということで取り組んだ。今後SDGsやサステナビリティのイベントや会合などでも、サステナブルな食を提供できる飲食店が必要となる。そのフロンティアでもあるきじまは和食という点でも注目されている。

株式会社
セブン&アイ・ホールディングス

コーポレートサイト持続な可能な原材料の調達

https://www.7andi.com/sustainability/theme/theme3/raw-material.html

セブン&アイ・グループ持続可能な調達原則・方針

https://www.7andi.com/sustainability/policy/procurement.html

『GREEN CHALLENGE 2050』の取り組み

https://www.7andi.com/sustainability/g_challenge/

コンビニエンスストアのセブン-イレブン、スーパーマーケットのイトーヨーカドー、ヨークフーズやヨークベニマル、ファミリーレストランのデニーズなど、コンビニエンスストア、総合スーパー、食品スーパーなどさまざまな事業を展開する。2012年に署名した「国連グローバル・コンパクト（国際社会で認められる、サステナブルな成長を実現する人権、労働、環境、腐敗防止に関する取り組み）の10原則」に基づき、本業で、その実践を行う。

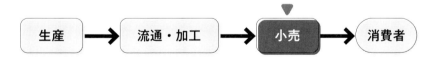

生産 → 流通・加工 → 小売 → 消費者

取り組む国際認証

MSC、ASC、MEL、FSC、有機JAS、国際フェアトレード

近年は環境への取り組みも幅広く行っており、サプライチェーン上のコンプライアンスの重視、人権の尊重、環境・生物多様性の保全、生産

地までのトレーサビリティの確保などを内容とする「セブン&アイグループ持続可能な調達原則・方針」を2022年4月に改定し、環境宣言「GREEN CHALLENGE 2050」に掲げる自然共生社会の実現に向けた取り組みを推進している。

「GREEN CHALLENGE 2050」では、持続可能な調達の取り組み目標として、2030年までにオリジナル商品で使用する食品原材料の50%を、2050年に100%を持続可能性が担保された原材料にすることを定めた。

取り組みを推進していくために、農業に関しては有機JASだけでなくGAP認証を受けた野菜の取り扱いを拡大。研修を通して「GAP指導員」の資格を得た社員も増えてきた。

水産物に関しては、MSCやASC、MEL認証の水産物を取り扱うこととなり、それぞれのCoC認証も取得した。CoC認証を取得するまでは、グループのスーパーで販売する認証水産物は魚卵や半調理品など、外部で加工・梱包された一部の商品に限られていた。

2020年4月、イトーヨーカドーはMEL認証のCoC認証を取得したことを皮切りに、2022年10月、MSCとASCによるCoC認証（グループ3社453店舗／2023年1月末時点）を取得。水産商品の主力品である「セブンプレミアム フレッシュ」など、スーパーの店内で加工した刺身や切り身の魚も認証商品の販売が可能になった。認証取得に合わせてオペレーションを策定し、本部と売場担当者とが一丸となって取り組んでいる。

日本の漁獲量は減少しており、このまま放置すれば、消費者に「おいしい魚」を届けることができなくなってしまう。そんな危機感から、魚を獲りすぎないよう管理された漁業で獲られた水産物や、海の環境を守りながら養殖場で育てられた水産物である国際認証ラベルのついた「サステナブル・シーフード」の取り扱いを増やしていく方針を打ち出している。

📢 「事業と認証」の考え方

サステナブル・シーフードの取り扱いは、小売業や外食産業はもとより、個人で活動する機会が増えはじめており、身近な存在になりはじめ

ASC生アトランティックサーモン

ている。

　セブン＆アイグループでは、GAPの重要性について社員の理解を深めるために率先して研修を行っている。また、水産認証ではCoC認証を取得した店舗を拡大するだけでなく、より多くのサステナブルな食材を扱っていけるように、生産者やサプライヤーが認証を取得する際のサポートにも力を入れる。認証取得を単なる取引要件とするだけでなく、ステークホルダーも巻き込んだサステナブル調達に取り組む。

　2023年秋には、持続可能な調達について消費者へ伝えるキャンペーンも行っており、認証関係者と協力しながら、今後もより大きなサステナブル社会の実現に重要な役割を担うことと考えられる。

　このように、多くのステークホルダーを抱えるセブン＆アイグループの取り組みは、国内の消費者はもとより、サプライヤーや従業員など関係するすべての人々に対して、多大な影響力を持つ。それは欧州が先行している印象のあるサステナビリティの取り組みにおいて、今後、同グループがリーダーシップを発揮していく立場であることを意味する。

　大手の小売企業が、どのような製品を企画・調達していくのかは社会全体に対して大きな影響力を持つ。日本国内の生産者を応援しつつ、持続可能な調達を世界規模で行っているグループに所属する店舗のスタッフが、自社の取り組みを消費者に語り続ける姿勢は、社会変革を起こす布石を打っているようだ。

日本マクドナルド 株式会社

サステナビリティ｜マクドナルド公式 (mcdonalds.co.jp)

「おいしさと笑顔を地域の皆さまに」を存在意義とし、「おいしさとFeel-goodなモーメントを、いつでもどこでもすべての人に」を使命とするハンバーガー・レストラン・チェーンの代表格であるマクドナルド。2023年12月末時点で、日本国内では47都道府県に約3000店舗があり、お店で働くクルー（店舗スタッフ）は約19万人だ。

　サステナブル調達だけでなく、リサイクルやフードロス対策など、サステナビリティへの取り組みにも積極的で、その範囲は多岐にわたる。

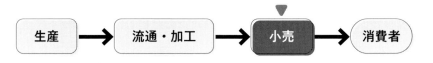

取り組む国際認証

FSC、MSC、レインフォレスト・アライアンス、RSPO

　マクドナルドが取得している認証はMSC「海のエコラベル」、取り組んでいる認証はFSC®、レインフォレスト・アライアンス認証、RSPOがある。バーガーメニューの１つであるフィレオフィッシュ®の魚は、MSC「海のエコラベル」、店舗で使う紙製のカップや持ち帰り用の紙袋など容器包装材は、すべてFSC®、コーヒー豆は、レインフォレスト・アライアンス認証を取得した農園から仕入れている。いずれにもパッケージで、その認証ラベルを確認することができる。チキンやポテトなどの揚げ物には、RSPOのパーム油を使用する。

2023年秋「フィレオフィッシュ®」新パッケージ

　認証を取得してよかった点は、サステナブルな調達を行っているのを客観的に証明できること。また、環境・社会・経済（トリプルボトムライン）に対してサプライチェーン全体で意識することで、調達における指針の１つとなった点である。生産者への配慮や生物多様性に貢献できていることを、見える化する効果もあるそうだ。

　苦労もあった。MSC認証のCoC認証部分に関しては、全国にある店舗での審査が必要で、サンプリングではあるものの毎年の更新確認で時間を費やす。ラベルの使用のルールが厳しく、かつ都度、承認を必要とするため担当者の手間と時間的な制約も発生する。

　だが、厳しい審査にも向き合い、商品の販売者として「サステナブルな調達を実現する」という目標を掲げ、消費者の理解と協力のもと、共通言語でコミュニケーションがとれるようになった。確実に、企業の共通価値（CSV）の創造へと結びついている。

🔊 「事業と認証」の考え方

　マクドナルドのサステナブル調達について、学生や友人たちに説明すると、「地球環境のことを考えた活動をしているのですね」と驚かれることがある。ファストフードの意味には、「手早く食べられる食事のこと」というニュアンスがあるため、「取り組みに時間と手間がかかる、サステナビリティとは対極にある」というイメージが先行してしまうからだろう。

しかし、ここは大きな誤解だ。マクドナルドは、サステナブル調達への取り組みに早い段階から積極的に着手し、紙製品ではFSC取得が100％、MSCを取得したフィレオフィッシュ®を全店舗で提供する。

　また、「より良い未来のために、皆さまとともに」という考えのもと、①安心でおいしい食事を、②地球環境のために、③地域の仲間にサポートを、④働きがいをすべての人に、の４つの領域を掲げ、重点的に取り組む。

　また、学生たちとのコミュニケーションの場も大切にする。2020年８月には、学生とともにサステナビリティについて考え、行動するオンラインワークショップ「JSL Youth Club with マクドナルド」を実施。日本サステナブル・ラベル協会が協力したが、FSCやMSCなど、サステナブル・ラベルがどのような意味があるのかについて、学生とともに語り合うことができた。動画を制作し、マクドナルド店舗にあるデジタルコミュニケーションボードで配信し、SNS上で発信した。

　また、同社とともに企画し、実施した高校生、大学生や社会人およそ70名が集まった「国際認証フォーラム」では、環境省、学者、スキームオーナーや企業事例などの発表のあと、グループディスカッションと発表があり、世代を超えた持続可能な社会の考える機会となった。

　企業のサステナビリティへの取り組み、調達への課題、調達を通じたSDGs実践企業に対して真剣に考え、「どのような社会変革を起こすことができるのか」のアイデアが参加者から出てきたのだが、「自らのライフスタイルを考える機会」にもなったようだ。国際認証フォーラムはオンラインや形を変えて毎年実施されている。企業がどのような視点で、サステナビリティへの取り組みをしているのか。10〜20代の世代が真剣に向き合っているのがわかる。また、マクドナルドもこうした声を受け止めて、活動を社内外で見える化し、取り組む姿は消費者からも応援されていると聞く。

フェアトレードカンパニー株式会社

https://www.peopletree.co.jp/

> 1991年に「地球に生きるすべてがフェアに暮らせる世界」を目指して創業した同社は、フェアトレードを主事業として、オーガニックコットンをはじめとする天然素材の衣料品やオーガニックチョコレートなどの食品の開発・輸入・販売を行っている。

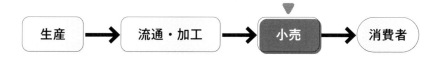

生産 → 流通・加工 → 小売 → 消費者

取り組む国際認証

WFTOフェアトレード保証制度、国際フェアトレード、
GOTS、有機JAS、PETA認証

　貧困のない、公正な貿易を目指すフェアトレードという考え方を取り入れている専門ブランド「ピープルツリー」は、東京・自由が丘に直営店があるほか、日本各地の雑貨店や自然食品店などに製品を卸す。

　貿易の形態を示すフェアトレードと、原料の栽培方法を示すオーガニックは異なるが、どちらも生産者を支援し環境に配慮した、サステナブルな生産を実現するための必要な手段と考え、2000年代に認証制度が整ったことから取得に向けて動いた。WFTO（世界フェアトレード連盟）によるWFTOフェアトレード保証制度、国際フェアトレード認証、GOTS認証、有機JAS認証、PETA認証を取得する。

People treeで扱う認証商品の数々

　複数の認証を得るために、それぞれに定期的な書類の提出や監査が必要であり、そのための時間や費用の負担がある。

　また、国内の法律を準拠することで環境や人権に配慮していると認められていることが、監査の際に明文化されていないと指摘されるケースもあった。それぞれの認証制度を取得するために、新たに必要となった作業もあったと言う。

　だが、卸販売で新規の取引をはじめる場合、認証の裏づけがあることで信頼を得られることがある。フェアトレードとオーガニックのどちらも、認証取得という共通の目標を持ってサプライヤーと連携を深めていくことができているそうだ。

🔊))) 「事業と認証」の考え方

フェアトレードカンパニーとの私の出会いは20年以上前である。当時から同社は、志を高く持ってフェアトレードやオーガニックに関するビジネスに取り組まれていた印象がある。

フェアトレードという概念がまだ日本でも一部の方しか馴染みがない中で、当然のことのように認証を取得して製品やものづくりをされていた。

しかも「高く売れるから認証やラベルをつける」というスタンスではなく、生産者が働きやすくなる環境づくりを願い、その正当性を見える化・可視化するために、「商取引の正当性を証明する」ツールには価値があるとし、展開されていた。

最近では、動物福祉への取り組みも行っている。また、新たな挑戦をする小規模の生産者を応援する目的で、伴走しながらものづくりをし、日本の消費者向けには、さまざまなイベントも開催する。もう少し時間はかかりそうだが、「フェアトレードが当たり前の社会が来る」と私は考えているのだが、その実現に向けて今後も、大きく貢献される企業であるだろう。

たとえば、2023年秋冬コレクションから全体の8割以上の商品で、ヴィーガン製品の認証である「PETA認証」を取得。その背景としては、持続可能なものづくりのため、生産地で豊富に採れる植物性素材を使った商品を開発してきたことによる。PETA認証では、動物由来の素材や成分を使っていない製品への認証であり、同社はフェアトレード、アニマルウェルフェア、オーガニックコットンのすべてを実現しているブランドとして展開している。

同社は製品・サービスはもとより、「フェアトレードの学校」などの学習の機会や、消費者とのコミュニケーションを通じてファンを増やし、パイオニアとしていまも走り続けている。国を超えて実施されるフェアトレードの取り組みだが、「原料が製品になるまでのストーリー」を知ったうえで購入できることは、消費者が購入する場合の安心材料にもなっていることだろう。

第 **6** 章

国際認証の
取得ステップ

印刷会社A社
「FSC認証」取得の道のり

1 サプライチェーンでの「CoC認証」の位置づけを整理する

　サステナブル調達の視点では、原材料においてどのように環境や社会への影響があるのか整理することが重要である。だが、日本は多くの原材料を輸入している関係からも、そのあとの工程も大切であり、どちらかと言えば、サプライチェーン・CoC認証を取得する企業の数が圧倒的に多い。

　認証のスキームは、対象原材料により違いがあることは、再三述べてきたため繰り返しになるが、「原材料の基準」と加工流通におけるサプライチェーンもしくはCoCの要求事項となる「規格要求事項」には共通点が見られる。

　具体的に、サプライチェーン上の加工・流通過程におけるCoC認証の共通点は、「認証原材料が、ほかの非認証原材料（認証されていない原材料）と混ざらないような管理がなされているか」「管理体制などのマネジメント体制、分別、認証ラベルなどの商標の管理ができているか」などだ（図表6-1）。

▶ **社内の準備、審査、認証取得後の流れを知る**

図表6-1　森林認証でのサプライチェーン「CoC認証」の範囲

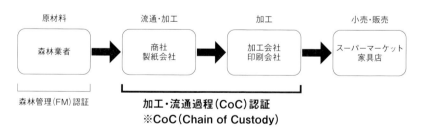

※審査と監査についてだが、初回審査では、認証取得の審査をする。また、年次監査は、認証を維持する定期的な監査をする。さらに、更新審査は、認証書の有効期限が5年周期（スキームと対象により5年など違いあり）であり、その認証書の更新のための審査として位置づける。

「国際認証の取得ステップ」では、サプライチェーン・CoCの認証取得までを特定の認証としてではなく、一般的な事例として紹介する。本章での認証という記載はCoC認証のこととし、「CoC認証取得を検討するところから、社内における準備、審査、認証取得後までの一連の流れ」を追うことにしたい。

※以下、サプライチェーン、CoC認証を「CoC認証」と略して表記する。

2 国際認証を取得するための10のアクション

これからの時代の流れをとらえ、サステナブル経営へと転換を図る。そのためには、早速、国際認証の取得を検討することからはじめよう。

さて、ある日、上司から国際認証取得のためのプロジェクトリーダーに任命されたとしたら、あなたはどこから取り組むだろうか。あるいは取引先から、「これからは認証された製品をうちに納品してほしい」との打診があり、それを断れば取引先との関係がゼロになるとしたら、どう判断するか。

こうした立場に置かれたときのことを想定し、実際に「国際認証を取得するには、どのようなステップを踏んでいくのか」を見ていくことにしよう。

また、認証の取得ステップをイメージしやすいように、本章では認証取得を目指すモデルケースとして印刷会社A社を想定した。スキームによっては当然、その内容に多少の違いがある。そのため実際は該当するスキームの要求事項を理解し、業界にあった管理体制や運用に取り組む必要はあるが、A社は１つの取り組みのサンプルとして読み進めることができるように整理していく。

具体的には、森を守る国際認証であるFSCを取得するまでのステップとして、「業種にかかわらず共通する一般的な流れ」を把握したあとに、「FSC CoCを印刷会社A社が取得するまで」を説明する。

▶ CoC認証取得までの一般的な流れを身につける

一般的に、認証取得までのアクションとしては、10のプロセスを経る（図表6-2）。

図表6-2　10のアクションの流れ

アクション1	担当者決定／社内で検討する。
アクション2	認証機関を選定（検索・見積もり）する。
アクション3	認証機関と契約／体制構築をする。
アクション4	審査準備／書類確認（全体の流れ、マニュアル作成や書類準備）をする。
アクション5	マニュアルに沿った現場・書類の準備をする。
アクション6	全関係者へ再度、教育・内部監査などを実施する。
アクション7	審査を受ける。
アクション8	認証を取得する。
アクション9	認証取得後の対応と事業としての展開をする。
アクション10	年次監査に向けて、準備を行う。

3 ケース・スタディ 印刷会社A社がFSC認証を取得するまで

A社の取り組みを説明する前に、事業内容について共有しておこう。A社は本社のほか、印刷工場が１カ所、主にデザインをしたり特殊なパッケージを受注・生産する子会社が１社ある年商15億円、社員数が80名（子会社の社員10名を含む）の印刷会社であるが、取引先の食料品を販売するB社の営業担当から問い合わせが入った。

「今後、自社商品に使用しているパッケージでも環境を配慮していきたい。御社に発注したいと考えているが、対応いただけないですか」との相談だった。

A社の近年の悩みとして新規取引先がなかなか増えず、しかも売上が横ばいであったことや消費者の間で環境配慮への関心が高まっていることを考えると、B社からの相談は自社の今後の事業のあり方を見直し、新たな事業展開を考えるうえでビジネスチャンスでもあると位置づけた。そこで認証制度の導入を検討することにした。

▶ 国際認証を取得するために押えておきたい共通点

では、本題に入る前に、国際認証の取得を考えるときの全体像を知るために、どの認証にも共通する一連の流れから紹介する。

〈アクション1〉 担当者決定／社内で検討する。

⇒最初に担当者を決定し、社内で検討するための情報集めや方向性を決める。これから認証を取得していくために「すべての前提」になる大事なステップだ。

そもそも国際認証を取得することが自社にとってどのようなメリットがあるのか、社内で検討する。そのためには、CoC認証のスキームオーナーや認証機関のサイトなどで取り組みの現状をチェックし、認証取得をしている他社にもヒアリングをする。また、サイトのチェックポイントとしては、どの項目を重視しているのか、認証の対象となる原材料や製品は何か、自社の業務や製品・サービスと直結する認証なのか、社会的にも信頼性が高い評価があるかなどを押える。

上記で集めた情報も加味したうえで、自社の将来ビジョンも鑑みながら事業を継続的に続けていく。あるいは、自社の強みを活かしていくために、この認証が最適なのか、基準や認証制度についても理解を深めながら社内で議論する。ただし、認証の取得には準備に時間と費用もかかることの覚悟も必要だ。

同時に、スキームオーナーが定める基準や取得に必要な要求事項がまとめられているのか、CoC認証の規格要求事項を社内で整備できるものなのかも整理しておく。

　認証取得の必要性については、意思決定を担当者と経営層で実施するとよい。このときに「認証範囲（拠点、製品など）を仮想定」したうえで、主力製品、新規事業で挑戦しようとしている製品を対象とする。また、工場などがあれば、同様に認証取得をする製品があるのかを考える。

　つまり、どんな分野、製品サービスで認証の取得を試みたいかを競合他社や海外動向も踏まえて、自社のビジョンに照らし合わせて検討する。認証取得を試みる担当者の想いとともに、経営層の考えも明確にしておく。

　認証を取得する方向で決定した場合は、社内でプロジェクトチームを結成する。最初は誰を指名してよいのかわからず、社長が担当することもある。また、担当者の選び方だが、現場や製造責任者、経理・庶務など認証原材料・製品のモノの流れとお金の流れの全体像がわかる人が適任であろう。

　認証を取得するまでには、さまざまな局面で決断することが多くあるため、担当責任者の力量に依るところは大きいからだ。そのためメンバーには代表者である社長や役員（執行役員を含む）から最低でも1名は入れておきたいところだ。

A社のケース　ステップ1

担当メンバーを決め、社内の足並みを揃える

　A社ではプロジェクトのリーダーである社長の号令のもと、チームメンバー5人が選ばれ、認証制度について担当者間の勉強会が開かれた。実務担当のリーダーには、総務部長が任命された。総務部長は国際認証に対する知識はないが、経営、製造、営業など横断的に情報を集約することが可能という理由から適任であるとの判断で

決まった。

この日、社長から認証を取得することになった経緯について説明があったあと、総務部長のファシリテーションのもと、メンバーによって認証を取得する目的、その内容、今後の事業において、この認証が必要なのかが議論された。

具体的には、「自社が認証取得の要件に該当するのかどうか」の把握がされ、子会社や関連会社も審査の対象になるかも確認され、子会社も一部の製品の製造と販売に関わっているため、A社単独ではなく関連会社も含めることができるマルチサイト認証を目指すこととした。

★★★★★————————————————★★★★★

ここで、マルチサイト認証について説明しておこう。

FSC-CoC認証の取得方法には、主に①単独認証、②グループ認証、③マルチサイト認証がある。そのほか、プロジェクト認証もある。

まず、単独認証だが、CoC認証は１つの組織単独でも取得可能だ。次のグループ認証は、複数の小規模組織が共同で１つの認証を取得することである。

認証管理の責任を持つグループと、グループに参加するグループメンバーとでは、その役割と責任は異なる。たとえば、それぞれのメンバーがFSC CoC規格の要求項目を満たす義務があり、グループ体はそれを監視する責任がある。グループ認証の場合、審査はサンプリングで行われるため、各組織が単独認証を取得するよりも全体として認証取得・維持にかかる費用を抑えることができる。

３つめのマルチサイト認証は、同一組織が複数のサイトを管理・運営することだ。マルチサイト認証という扱いで複数のサイトを含む１つの認証を取得することが可能。たとえば、企業が国内の複数の場所に工場を持っているような場合や、関連会社もサイトとして含めることができる。

★★★★★————————————————★★★★★

A社は同社の主力製品である食品パッケージに加工するために、その原材料である原紙を仕入れている取引先が認証を取得しているかを確認した。仕入れ先も認証を取得していなければ調達のチェーンがつながらないからである。もし、認証を取得していなければ、取得が可能であるかを相談するか、取得している会社と取引をする必要があった。

　また、FSCの仕事を委託する想定の外部委託先（自社ではできない1部の加工について委託）もリストアップし、認証を取得しているのか確認作業も行った。ここまで要した期間は2週間だが、B社の要望に応えるために必要なプロセスであるとし、優先順位の高い業務として位置づけたのである。

〈アクション2〉　認証機関を選定（検索・見積もり）する。

⇒取得の方向性が決まったら、審査を実施する認証機関を検討するステップだ。認証機関が複数ある場合は、認証機関を選定し、費用や期間などを確認する。

　CoC認証機関を検索し、見積もりを取る。ホームページのサイトから問い合わせフォームに入力、もしくは申請書などをダウンロードして申請するスタイルもある。認証機関が複数ある場合は、比較・検討することが必要だ。

　それぞれの機関にあらかじめ用意しておいた内容で問い合わせをし、納得できるようであれば見積もりを取る。取引先や関係者から紹介された場合も、その認証機関と即座に契約するのではなく、自社が考えている事業の方向性に合っているのかを調べることが大切だ。

　また、ランニングコストとなる費用や審査にかかる期間を踏まえたうえで、相手先との相性も見る。相性とは、認証機関の社風や担当者の対応、取得に必要な手続きやその金額内容が明確か、取得までの期間（取得を急ぐ場合は、それに対応可能か）、自社の関連企業や工場に海外拠点が

ある場合、そこにも柔軟に対応してもらえそうか、すでに認証取得している取引先がいる場合、印象を尋ねることなどである。認証を取得すると、認証機関とのつきあいは長くなるため意外にここは大切だ。

自社の拠点が複数ある場合や認証の対象となる拠点（工場、サイト）、自社製品のどこまでを認証製品に対応させていくのかも、審査にかかる日数や費用に関係するので認証機関に確認する。

申請や認証にかかる費用は、それぞれの認証の範囲や製品によって変わってくるので一概には言えないが、CoC認証の場合、目安として審査が1日で終われば20〜50万円ほど。ほかに企業規模に応じて支払う管理料や、審査員の交通宿泊費などもある。認証取得後も、年に1度の審査があり、認証更新ごとにも審査費用がかかる。

A社のケース　ステップ2

認証機関との相性を見る

2023年現在、日本国内ではFSC CoC認証の認証審査サービスを提供している機関は6社ある。アミタ株式会社、ビューローベリタスジャパン株式会社、株式会社Control Union Japan、インターテック・サーティフィケーション株式会社、一般財団法人日本ガス機器検査協会、SGSジャパン株式会社だ。

A社では選ぶコツがわからないため、認証取得までの問い合わせをし、すべてから見積もりを取ることにした。

6社の中で最も丁寧に対応してくれたのが、N認証機関だった。認証を取得するまでのスケジュールを尋ねると、11月を起点にしたときに、翌年の3月末、遅くとも6月までには取得ができるとのこと。A社内の準備が整えば対応可能だとのことで、このスピード感も気に入った。相性もよさそうだ。

こうしてN認証機関への依頼を前提に、認証を取得する製品、その製造や印刷をしている工場や拠点についても仮決定した。

〈アクション３〉 **認証機関と契約／体制構築をする。**

⇒認証機関を決定したら、契約を交わし、本格的な準備と体制の構築に入る。審査までの手順や要求事項、審査実施に必要な書類関係を受け取り、内容を確認する。

　認証機関が決まってから契約をする。契約するときに押えておきたいのが、認証の対象範囲や認証取得までに何が必要か、かかる費用はいくらか、認証機関が提供するサービス内容（たとえば、認証機関はコンサルティングを行わない）である。ここに納得し、契約をしてから認証審査費用を支払う。

　認証機関から審査に必要な書類一式が届いたら（規格要求事項はホームページでも閲覧ダウンロードが可能。だが、改めて認証機関から提供されるため必要な書類や内容は確認する）、審査までに必要な社内体制や製品や拠点の対象範囲などを見直す。このときに見落としがちなので注意が必要なのが委託工場や倉庫などがあるか、取引先で自社が権利を持っている認証製品を加工したり、保管したりしていないかという点だ。外部委託先や倉庫などがある場合は、認証範囲に含めたり、外部委託先として登録が必要なので必ず確認しよう。

　審査準備に段取りが把握できたら、チームメンバーで担当する分野の中で何が必要になるのか、認証をどのように活用できるのかを共有する。

　認証審査に向けて原材料を購入し、製造、販売に至るまでの社内のトレーサビリティを確認して、認証対象製品にかかる部署と関係者を洗い出し、取得までの一連の流れと遂行体制を構築する。

A社のケース　ステップ３

どこまでを認証製品にするのかを決める

　A社では、N認証機関との契約後、送られてきた規格の書類などについて、把握することから取り組んだ。認証取得の対象製品を製造し、販売するために、想定している工場や倉庫の拠点がどこで、

認証を取るのはどこまでなのかを社内で議論した。また、将来に向けて、段階的に認証製品の割合を増やしていくとしたら、どの範囲まで認証商品として広げていくのかも話し合った。

　特殊な加工が必要な商品は製造が自社内だけではなく、外部委託をする必要があるのかも知っておく必要がある。そのため社長や経営者、認証に関係する関係部署を洗い出し、原料を購買する担当、営業、経理、総務、工場の責任者など、体制についても整理した。

〈アクション４〉　**審査準備／書類確認**（**全体の流れ、マニュアル作成や書類準備**）**をする。**

⇒CoC認証の規格要求事項に適合するのか、この適合性評価が審査となる。必要な要求事項の内容に沿って、全体の業務の流れを把握し、審査に向けた作業手順などを明記したマニュアルを作成、そのほか必要な書類を準備する。

　CoC認証の規格順守と、トレーサビリティの確保を維持するための社内での役割、その分担や担当者を明確にする。場合によっては、チームメンバーが集まり、全員で確認する丁寧さも必要だ。また、新たに求められる知識やそれにともなって社内への情報共有をしておくことなど、取り組む業務も多いので、専任者をつくることが望まれる。

　だが、専任者をつくるのがむずかしいときは、担当者の他業務の軽減は欠かせない。決定権のある社長直轄の重要な業務に位置づけることも考える必要があるだろう。

　社内で受け入れられる体制を整えるには、関係者の要求事項を理解するための教育、研修が求められる。実施方法についての検討会議などを開く。CoC認証取得のための管理体制マニュアルを作成する。参考に、管理体制マニュアルで押えておきたい点をあげておこう。

〈マニュアル・書類など作成時の注意点〉
a. 実際に使用されている伝票、作業指示書、納品書、請求書などを

確認する。

b. モノと伝票類が紐づくかを確認する。ポイントは、モノ（認証原材料・製品）の流れと、製品に紐づく書類である請求書・納品書などによってサプライチェーンのトレーサビリティを確認できることだ。また、請求書や納品書などは認証製品を取り扱ったか否か、認証取得後に発行される番号などを明記する必要がある。

c. マニュアルは認証の規格要求事項が書かれた基準文書にしたがって作成することで、この内容に沿って準備が整えば、自然と社内の体制もできあがる。

　　しかし、規格の言葉が専門的で馴染みがなかったり、英語を訳した文章が主なので理解しにくい部分もあり、正しい情報を伝えるには教育も必要だ。理解を促すための工夫としては、業務に応じた手順書を作成するとわかりやすく、間違いなどを防げる。ただし、外部委託先も関わる部分の手順書は外部委託先と共同で作成する必要がある。

d. 認証制度や要求されている内容を理解し、PDCA（Plan：計画、Do：実行、Check：評価、Action：改善）を円滑に進めるためにも、社員やスタッフの教育なども必要になる。

e. 環境だけでなく、人権配慮もなされているか――労働安全衛生、避難訓練の実施などに至るまで確認される可能性があることを認識する。

　管理マニュアルが完成したら、各種必要書類を準備する。国際認証に関係する業務で、外部委託先があるかも確認する。外部委託先がある場合は、そこで認証製品を扱う体制も自社と同じように整える必要があるからだ。

　外部委託先がCoC認証を取得していない場合は、新たな審査対象になることもあるため、認証をすでに取得しているか否かなども確認する（FSCの場合、人権に関して「FSC中核的労働要求事項」の確認も必要なので、十分な準備時間が必要となる場合もある）。

こうした体制づくり、作業手順などを「見える化」した管理体制マニュアルは、運用が適切に行われるように社員・スタッフをはじめ、関係者の全員で共有することも忘れてはならない大事な点だ。

　実際の作業オペレーションをもとに、規格要求事項に沿った体制づくりをする⇒チェック事項や確認方法を盛り込んだ作業手順、管理マニュアルの作成をする⇒マニュアルに応じた記録書類の作成が求められる。

　請求書・納品書のほか変更準備として、認証製品と識別するための入荷時確認、作業指示書、製造記録、出荷記録の納品書、請求書などに反映させる必要がある。経営層のほか、経理、総務、工場、システム部署などとの連動が必要だ。

▶A社のケース　ステップ4

伝票から納品書までの追跡可能性を確認する

　総務課長は、自社が使用している伝票、作業指示書、納品書などの請求書が、コンピュータのシステム上でも調達の流れについて追跡可能かどうかを確認した。管理体制で特に重要なのは、原材料がFSC以外のものと混在しないように、管理されているか否かであるからだ。

　また、社内のメンバー全員が対象となる人権方針や中核的労働要求事項に関する自己評価の作成を行った。国際認証を取得する要件に人権への配慮が重要視されつつあり、児童労働、強制労働、職業と雇用における差別などがないかを証明する必要があるからだ。外部委託先にも実施依頼をする必要があるため準備中だ。

　こうしたことの徹底に向けて、チームの責任者である社長からFSCの事務局の中心人物でもある総務部長経由で、各種書類の準備を担当者がするように指示した。また、作業担当者のTO DOを確認し、FSCに関係する業務で外部委託先があったので、認証製品と非認証製品が混在しないような管理などの内容を示した覚書を交わし、業務の手順書も共有した。「中核的労働要求事項」に関する自己評

価の記入と確認と署名も行った。

　覚書にモレや理解にまちがいがないように、コンサルティング会社とともに、管理体制、マニュアルの内容、関連書類などを確認した。社員とスタッフをはじめ、関係者への教育を実施した。子会社も認証の審査対象になるため、同様のことを平行して進めたのだった。

〈**アクション５**〉　**マニュアルに沿った現場・書類の準備をする。**
⇒審査に必要な規格要求事項に沿った管理システムが構築・対応しているか。その運用方法が反映されたマニュアルと、それに沿った現場・書類を準備する。

　作成したマニュアルをもとに、認証原材料の購入を想定した場合の製造・販売に至るまでの管理体制を確認する。実際のオペレーションに変更や作業追加がある場合は、伝票や帳票類への必要項目の記載や保管方法と場所、製造工程で、認証製品であることを誰もがわかるように工夫する。

　書類などの整備とマニュアルについては、認証原材料と非認証原材料の混在リスクという点で、整合性があるかどうかを確認する。忘れてはならないのが帳票類と製品を紐づけて管理できているのか、内容が見える化できているか、準備した書類に不備がないかなどである。認証機関から最初に送られてきた書類を見ながら確認しておこう。現場の体制づくり、書類の準備はマニュアルのみに依存せず、モレがないかCoC認証の要求事項も確認が必要だ。

　ところで、サステナブル認証には環境配慮のイメージが強いかもしれないが、人権への配慮に対する要求が高くなってきている。CoC認証に人権の確認もあるが、たとえば、FSC中核的労働要求事項でチェックされるのは主に以下の点だ。

・児童労働がされていないか。

・強制労働がされていないか。

・職業と雇用における差別がないか。

・結社の自由と団体交渉権があるか。

　こうした人権侵害がないことを証明するには、就業規則やシステムなどの提示だけでなく、実態を確認するために給与明細などの書類を審査の際に確認することもある。ここをクリアするにはマルチサイト認証の場合であれば、本社と子会社を含めたどちらの会社も審査書類を掲示する必要がある。

　外部委託先も対象になるために準備に時間がかかる可能性もある。自社のみならず、関係者全体での取り組みと理解を進めることが重要視されている。

　現場で書類を準備するにあたり、自社で商品化するための原材料をどこから購入し、どのように製造加工し、どこへどのように出荷しているかを見える化しておくことが重要であろう（下記にそのポイントをまとめたので参照のこと）。

・仕入れている原材料については、
　□認証取得サプライヤーから購入（認証取得企業から買っているか、認証製品の仕入れが可能か）する。
・自社内の製造加工と認証原材料・製品の把握（内部のトレーサビリティ）については、
　□認証製品であることを識別できるしくみを構築する。
　□認証製品の分別管理をする。
　□認証製品が追跡できること、数量の把握、記録、管理をする。
・認証製品と識別できる出荷・納品体制については、
　□請求書、納品書などに認証製品だとわかる明確な記載、数量管理をする。

作成したマニュアルに沿って、書類準備と現場の整備をする

　A社では、まずマニュアルに沿って、認証製品を明確に特定できるように、また要求事項に応じた対応に沿う形で、既存の書類と新たに作成した書類を見直し、適宜修正や足りないものがあれば作成をした。

　主に、これらの書類を現場とともに、確認と整備を行った。
■運用マニュアル
■発注書
■納品書・請求書（自社、購入先）
■作業指示書
■外部委託先管理書類
■購入・出荷・在庫などの管理台帳
■教育記録
■原材料購入先の一覧
■ラベル承認データ・使用履歴
■FSC中核的労働要求事項に関する自己評価
など。

　運用にあたり、準備した書類の確認とともに、生産現場での整備も行った。認証製品の入荷時から製造し、出荷に至るまで、非認証製品を混ざらないよう区別するために、認証専用の棚やエリアの設置、パレットでの識別、既存の電子管理システムなどを駆使し、準備を行った。特に色や表記の工夫なども合わせながら、従業員の誰もが一目でわかるような工夫を行った。
　また、モノの流れと同様に、作業指示書や書類関係に認証製品だとわかる記述が、現場の誰もがわかるように社内で話し合い、より管理しやすい意見も集めながら、マニュアルにも反映していった。

特に意識したのが、普段、行っている業務の延長線上で管理しやすく、従業員に過度な負担がかからないような工夫ができているかであった。

〈アクション6〉 全関係者へ再度、教育・内部監査などを実施する。

⇒責任者、事業担当者、認証審査の事務局、従業員や関係者、工場、子会社、外部委託先など、全関係者へ再度教育や最終確認、内部監査も実施し、社内のPDCAが機能しているかも確認する。

CoC認証に関わる関係者へ教育・理解の再確認を実施し、理解と現場での作業を徹底する。内部監査を行い、その記録を残す（複数拠点のマルチサイトで取得の場合は、その後のマネジメント・レビューも行う。

また、CoC認証に関わる人員および内部監査員に作成したマニュアルに沿った教育研修を行い、理解と現場での作業を徹底させる。教育は社内で行われ、CoC認証に携わる関係者には必要に応じて行うことが望ましいのだが、教育をしたことは日付、内容、参加者、理解度をまとめ記録に残すことを忘れないようにする。

審査当日はマニュアルに沿った作業が当たり前のこととして行えるように、日ごろから準備しておくことで審査も通りやすくなる。

A社のケース ステップ6

認証への理解を深めるために社内研修を実施する

A社では何度か認証制度に関する教育の実施を重ねて、最終確認の意味も含めて事務局よりCoC認証に関わる各責任者や現場関係者、業務にかかわる全メンバーを集め、社内研修を行った。具体的には、

①認証制度の概要を知る。
②認証制度、CoC認証の規格要求事項の確認と理解をする。
③マニュアル内容の確認をする。

④マニュアル・要求事項に合わせた管理体制の説明と徹底確認をする。

⑤各担当者が何をすべきかの再確認とテストを受ける。

　などである。教育実施後、運用するにあたり本チームの責任者である総務部長を中心に、社員とパート・アルバイトとの間で、認証製品とそうでない製品の混在リスクを避けるための工夫やアイデアも出され、活発なコミュニケーションが実施された。その中の一部アイデアを反映し、マニュアルも柔軟に変更した。

　何よりも全社が一丸となり研修に取り組むことで、認証制度を取得する意義をジブンゴトとして理解してくれる人たちが増えたことである。日ごろから取り組む仕事を見える化しておけば、製品の混在リスクがないことを社員やパート・アルバイトに伝えられることがわかった。こうして総務部長は認証への理解を社内で深められたことに、ホッとしたのだった。

〈アクション7〉　審査を受ける。

⇒認証機関の審査員が実際に来社し、書類と現場の審査が行われる。審査を受けるのは、拠点が多くの場所に分散していなければ1日で行う。拠点が多い場合などは2日以上かかることがある。

　最初に、準備状況に応じて認証機関と相談しながら審査日程を決める。注意点としては、自社の繁忙期を避けて比較的時間にゆとりがある時期に、審査スケジュールの希望を出すことだ。審査を受ける日程が決まったら、マニュアルなどの必要書類を事前に提出する。

　当日、企業を訪問して審査する審査員の人数は1人のことが多いが、拠点の数によっては変動することを心がけておく。まれにだが、認証機関の認定のために認定機関や、認証機関の審査員の研修生、審査員のスキルなどを判定するトレーナーが同席することもあるので、名刺交換のときには、訪問者の立場や役割を確認しておこう。

審査の時間は、まる１日かかることが多い。認証の範囲が広く拠点が多かったり、立地が離れている場合などは、複数日かかることもあるので、審査を受ける日程は余裕を持っておく。審査の内容は、担当者へのヒアリング、現場の取り組みの実際、その記録の有無、現場のスタッフ（パート・アルバイトを含む）へのヒアリングなど、細かい確認が行われる。審査当日には、マニュアルに沿った作業が行えるように準備をしておく。

　この審査で不適合が出た場合は、指摘された部分を改善して是正書類を提出する必要があるが、そこを修正さえできれば、審査はほぼ通る。

A社のケース　ステップ7

はじめての審査を関係者で受ける

　審査は、平日の朝９時から夜18時まで認証機関の審査員がA社を訪れて行われた。まず、オープニングで審査の流れ、内容などが審査員より説明され、昼の休憩をはさんで約８時間にわたる審査が開始された。認証製品と非認証製品の分別方法、混在リスクがないか書類の有無と現場の確認がされた。内容は、

- 認証範囲や拠点、組織の内容詳細についてヒアリングされ、総務部長が主に説明した。
- 責任者（社長）へのインタビューがされた。
- トレーサビリティの検証が行われた。
- マニュアルの内容と管理体制について、認証原材料の購入から製造、販売に至るまでの流れを確認された。
- 各部門の担当者の理解と管理方法が確認された。
- 社員（経理、総務、工場で働く社員、パート・アルバイトなど）へのヒアリングがなされた。
- 中核的要求事項に関する自己評価の書類をもとに、人事部が同席のもと各質問項目と回答に沿って、人権に関しての証拠書類の提

示と審査、ヒアリングがされた。

・子会社の社長と責任者にも同様に審査された。

・工場では、原材料の入荷時確認の方法、製造工程の確認、製造とともにどのように書類が管理され、追跡可能かなどを検証された。

・認証取得後を想定し、認証ラベルの管理方法（責任者がデータで保管し、外部へ流出しないようにする、使用の際は認証機関に許可をとるなど）、デザインなどの関係者にも手順の理解しているのか、ヒアリングが行われた。

　１日の終わりにクロージングのミーティングが行われ、審査員から審査の結果についてくわしい説明があった。Ａ社では外部委託先からの覚書についてサインが入ったものが届いていなかったため、「早急に入手するように」とのこと。是正処理について確認のうえ、無事に審査が終了したのだった。

〈アクション８〉　認証を取得する。

⇒初回の審査が終了したあと、すぐに認証が取得できるわけではない。審査員が報告書をまとめて、認証機関内で判定（判定員による判定・会議など）が行われる。認証機関の本部が海外にある場合は、その確認期間もあるため、判定までには１〜３ヵ月ほどかかるケースがある。

　認証書の発行が決まると、認証書が認証機関より届く。認証書には下記の内容が記載されることが多い。

・対象団体名、認証プログラム名、有効期限について。

・オフィス、工場、倉庫、商社など活動に関わる拠点について。

・生産・取り扱いできる製品カテゴリーについて。

　などだ。認証機関内で判定がされたあとにCoC認証が取得できるが、認証を取得できれば、スキームオーナー本部に認証取得の結果が登録さ

れる。それにより、いつ、どの拠点で、どのような企業・認証対象製品が取得されたかが国際的にも公開されるようになり、世界中の誰もがその情報を確認することができる。

　サステナブル調達の実践という意味で、認証取得をしたことはゴールではなくスタートである。ここから認証取得者として実際に認証商品を取り扱い、製造販売することで実践される。今後、年に１度、同じ時期に審査が実施され、通れば認証が継続される。

▸A社のケース　ステップ8

認証取得を活用した広報活動を開始する

　A社が認証を取得できたと認証機関より連絡があり、証書が送られてきた。また、スキームオーナー本部からメールも入った。このほかにも認証機関からいくつか確認事項があり、確認と対応し、認証書を受領後、直ちに社員や各関係者へ周知し、広報も行った。

　認証書を商談スペースに掲示し、取引先との商談の中で、自社のどこの拠点がどのような認証を取得し、どんな認証製品を販売できるのかも話題にした。営業担当を中心に認証に関する資料なども作成し、認証取得を有効に活用できる体制づくりをした。

〈アクション９〉　**認証取得後の対応と事業としての展開をする。**

⇒認証取得後、実際に運用がはじまる。認証製品として販売するために、スキームが適格と認める原材料を購入し、製造、販売することで、事業としての展開が可能になる。ただし、マニュアルどおりの運用ができているか、確認しながら進める必要がある。

　認証ラベルの使い方を確認する。認証ラベルはそれぞれが商標登録などがされているため、認証機関が示した規定に準じて使用しなければならない。認証ラベルを商品やホームページなどに掲載する場合は、認証機関に申請して許可を得る必要がある場合もある。また、その記録も残

す必要もある。勝手に色や比率を変えたり、関係先に配布したりすることはできないので注意が必要だ。

　また、各担当者の運営がスムーズなのかチェックする。特に、取得以前と取得後に作業の流れが変わっていた場合は、しっかり再確認をする。もし課題や変更したほうがいい箇所があれば、社内で検討し、必要に応じて管理体制の変更もする。同時に、認証製品の製造をはじめたときのオペレーションと記録帳票類の確認もする。

　これがクリアできたら、認証を活用したマーケティングを展開しよう。認証取得によって規格要求事項を満たしていることが第三者によって証明がなされたことになるので、自社が環境や人権に配慮した企業であることを主張することができるからだ。

　具体的には、SDGsへの貢献や新たな取引先の拡大、消費者へのラベル付き製品のPR、また求人の際のPRポイントとしての活用も有効である。

A社のケース　ステップ9

銀行や行政から表彰され、新たな取引先も増加

　認証を取得したあとも、責任者、事業担当者、認証審査の事務局、社員や関係者、工場、子会社、外部委託先など、全関係者へ再度教育や最終確認をする。内部監査も実施しているため、業務として取り組むべきことは増えたものの、A社では運用をはじめる前よりも、外部からの反響やCSR、SDGsに関連した相談などが大幅に増えた。消費者からの感触もよく、企業イメージのアップにもつながっている。

認証を取得するきっかけとなった取引先以外にも、印刷会社で認証を取得している先を探している企業があり、新たな取引もはじまった。

　営業のモチベーションアップにもなり、社内の環境対応や教育など運用が整理され、事業の遂行がさらに効率的になった。結果、今

まで取引先の主導権のもと商品の価格などが決められていたが、「認証を取得している」ということで、安く買いたたかれることがなくなった。さらに、SDGsの取り組みに積極的な印刷会社として地域で評価され、銀行や行政から表彰された。

　競合他社とサステナビリティに関する情報交換や交流が深まった。認証製品の付加価値だけではなく、企業自体のCSRの見える化によりESG投資の観点でも評価され、銀行や行政からの信頼が高まり、行政の入札条件に認証取得が入っている行政の入札条件をクリアでき、金利や融資額の優遇などが受けやすくなった。

　採用もしやすくなった。理由の１つとして、「SDGs、サステナビリティに積極的に取り組んでいる企業である」という評判が広がり、応募者が増えたからだ。学生から「SDGsへの取り組み企業」として取材の申し入れもあり、企業の価値が売上だけではない視点で評価され、問い合わせが増えた。

〈アクション10〉　年次監査に向けて、準備を行う。

⇒初回の審査から1年後に、２回目の審査（年次監査）が行われる。初回と同様に審査員が書類と現場の確認を行う。２年目以降の審査（監査）では、特に「実際の管理・トレーサビリティの確保」が適切に運用されているかを中心に見られる。

　国際認証の取得を目指した初回の審査よりも、年次監査のほうが運用、書類の整備、適切な記録、年間数量の把握などに問題が見つかり、是正が出やすい傾向がある。なぜならば実際に運用しているためマニュアルに記した運用方法の欠陥、社会の課題、自社の課題が見えはじめているからだ。

　初回の審査は「認証取得後は、このように運用管理します」という想定で審査を受けるが、２回目以降の監査では、認証製品を扱っている可能性が高く、どこからどのように原材料を仕入れ、製造し、出荷までの管理が適切か、認証製品の追跡が可能かのトレーサビリティの確認が厳

密に行われ、実際の運用の見える化が必要となる。

　ラベルの使用について適切に使用されているか、また、社員の理解や教育が徹底されていないなど、運用における注意点も多い。たとえば、ラベルを適切な許諾を取らずに使用したり、記録が残せていない。あるいは、トレーサビリティが確保できる記録が不十分であるなどだ。

　2年目の審査をクリアするためには、取得して1年で「できたこと」「できなかったこと」を書面化しておく。あるいは、社内で運用方法が適切か、そこにムダがないか、というように整理しておくとよい。いずれにしても、次年度からは、積極的な事業展開ができるような準備が求められる。

A社のケース　ステップ10

アイデアや改善案が社内から出てくる企業へ変革

　A社では、社長の指揮のもと、適切な運用方法を心がけてきたが、まだ対外的にも営業利益が莫大に上がったとはいいがたい。認証製品として扱う量は、取得して半年たってから、ようやく注文が増えはじめた。

　この流れを活かして、認証製品の受注を増やし、ほかの売れ筋の製品も認証製品に切り替える準備を検討している。認証と非認証の製品を区別して管理するよりも、全商品の認証を目指すほうが、社内管理がラクになりそうだからだ。そこで初回の審査から運用方法を見直し、年次監査の準備を行い、当初の想定ではなかった管理体制の変更なども行った。

　こうした取り組みの甲斐もあり、社員、パート・アルバイトが気づいた点があれば、自ら積極的に社内に提案してくれるようになった。それまであった「社長がいなければ社内は回らない」「社内の作業が煩雑である」などの社員、パート・アルバイトからの不満の声もなくなったようである。

　認証の取得により、A社が円滑な経営ができるようになり、事業

も着実にカタチにすることができるようになってきたことは、取り組んだことの利点である。

　みんなの頑張りによって、想定していたよりも短い期間で国際認証の取得ができたわけだが、認証コンサルタントに段取りを相談しながら進めたこともあり、費用はかかったものの、メンバーの業務負担を軽減でき、認証制度に関するメンバーの理解を深めることができた。費用対効果で考えたときに、成果は得られたと社長は考えている。

CoC認証を通じて、取得準備から審査、認証取得までの一連の流れを紹介した。当然ながら、あくまで一例にすぎず、A社も架空の事例ケースである。これにすべての企業が当てはまるわけではない。

　CoC認証は認証原材料が適切に管理・製造・販売などが行われ、非認証製品との混在を防ぐという、商品のトレーサビリティのみならず、サプライチェーンのどの段階においても、その事業者がサステナブルな経営や管理体制、環境・人権などへの配慮が行われているかも、確認されるのが大きな意義でもある。

　ところで、10のステップやA社の事例を通じて、「普段行っている管理とほぼ同じだし、それを見える化すればいいんだ」と再認識した人もいるかもしれないし、「こんなに大変なのか。取り組むことが多い」と思った人もいるだろう。

　私が本章で最も伝えたいことは、ステップの「ToDo」や「流れ」はもとより、「認証」と言っても、取得企業ではどのような準備や取り組みがなされているのか、そこにはあまり外からは見えない苦労や工夫があることを共有することでもあった。お金や手間もかかる認証の取得している企業には敬意を払う。

　仕事柄、企業が単独で認証の取得がむずかしいときに私がアドバイスをすることもある。しかし、外部に頼らず、経営者、社員、利害関係者が一丸となって成果を出せることは、評価に値すると考えている。

第 7 章

8つの
サステナブル・ラベルの
意味・役割を知る

「森林」「水産」から
「パーム油」の国際認証まで

1 自社に合う国際認証を選ぶ

　前章までは、さまざまな業界における現状とサステナブルな可能性について、また、各分野における認証について紹介してきた。繰り返しになるが、認証はその業界における課題を改善、あるいは解決するために、何を守り、配慮すべきなのかなどの基準を策定している。そこには必ず認証やラベルを運用しているスキームオーナーが存在する。

　だが、各業界の事業者がどう課題に向き合うか、どのスキームを選択するかは自由であるため、国際認証における審査のポイントも、それぞれである。認証審査を受ける事業者にとっては、各スキームの基準に適合しているのか、その適合性評価が認証であるが、分野や業界、対象の違いがある。たとえば、森林認証のFSCや漁業のMSCをはじめ、前章でも述べたように、これらの認証制度は、その目的も設立背景も利害関係者も異なる。

　本章では、このわかりにくさを解消するために、それぞれの共通項をもとに、認証とラベルを「サステナブル・ラベル」として紹介する。サステナブル・ラベルとは、「持続可能な原材料調達や環境・社会的配慮、生物多様性などにつながるさまざまな国際認証ラベル」を一般社団法人日本サステナブル・ラベル協会が命名した総称である。

▶ 企業と消費者が「調達プロセスを同じ基準」で評価するために

　サステナブル・ラベルは、持続可能な責任ある調達を実践する際に、消費者からすると、どの認証ラベルが信頼のおけるものなのか。つまり、企業が実践するサステナブル調達を遂行する際に、認証制度を活用した場合、「消費者がそのラベル付き商品を選択することで、『商品のサステナビリティ』と『サステナブル経営』を実践する企業を応援できる」のかという「つながり」に視点を置く。

　さて、第7章ではこうした考え方をベースに、「さまざまなサステナブル・ラベル」について、さらに掘り下げる。ただし、サステナビリテ

図表7-1　サステナブル・ラベル

持続可能な原材料調達や環境・社会的配慮につながる認証ラベル

認められた審査員が、生産者・事業者を訪問（現地での審査）

サステナブル・ラベルは、それぞれが定める基準に対し、
生産者や事業者の取り組み内容が適合しているかを
第三者が確認するしくみ

ィに関するラベルは世界中に500近くあるとも言われているため、その
ごく一部を紹介しているということを押えておいてほしい。さっそく各
認証の制度やその内容、しくみなどについて説明していこう。

FSC®ラベル

（森林管理協議会／Forest Stewardship Council®（略称FSC）

ホームページ https://jp.fsc.org/jp-ja　**問い合わせ先** https://jp.fsc.org/jp-ja/contact

環境保全の点から見ても森林管理に関する配慮が適切で、社会的な利益（経済活動をする中で第三者が受けることが可能な公共的な利益）に叶うこと。つまり、経済的にも継続可能な森林管理を認証し、認証製品へのラベリングを通じて消費者が責任ある森林管理を支援できる制度。

認証の対象製品

　林産物全般。トイレットペーパー、パンフレット、ノート、家具などのほかに天然ゴムやキノコ、果実、布地などもある。

ここに注目！

　日本国土の67％を占める森林だが、海外から安価な木材が輸入され、国内の木材自給率の低迷が続いたが、現在は40％まで回復している。森林管理協議会（FSC）は、日本の林業の課題解決の糸口に有用なツールなのだが、輸入される木材や紙などが違法伐採されたり、「環境・社会・経済の観点」や人権への無配慮なものを選択しないかを知る目安となる。そのため認証取得の推進が「日本の林業」の活性化つながるのではないか、ということで林業の課題解決に向けて期待も大きい。

　大型量販店や百貨店のショッピング用の紙袋、文房具、食品パッケージから家具まで、FSC認証付き製品の普及は進む。認知度も若者を中心にアップ。最新の調査では26％になった（2020年は21.9％）。

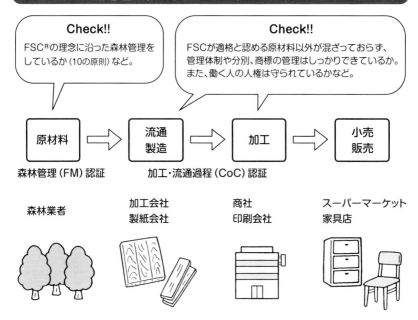

FSCのしくみと審査のチェックポイント　　　　　再掲

Check!!
FSC®の理念に沿った森林管理をしているか(10の原則) など。

Check!!
FSCが適格と認める原材料以外が混ざっておらず、管理体制や分別、商標の管理はしっかりできているか。また、働く人の人権は守られているかなど。

原材料 ⇒ 流通製造 ⇒ 加工 ⇒ 小売販売

森林管理(FM)認証　　加工・流通過程(CoC)認証

森林業者

加工会社
製紙会社

商社
印刷会社

スーパーマーケット
家具店

認証取得のプロセス

　環境・社会・経済の視点からどこの森で、どのような管理がなされているのか。また、不適格な原材料が混ざらないような管理体制や手順が整っているか。こうした観点から確認される。

　具体的には、「森林管理者が取得をするFM (Forest Management) 認証」と「林産物の加工流通業者が取得するCoC (Chain of Custody) 認証」がある。自社がどちらに該当するのか、その確認は必要で注意したい点だ。ただし、審査を受ける企業や団体とは利害関係のない「認証機関」が審査を行い、基準を満たすことが確認できた場合にのみ、認証が発行される点で、取り組むべきことはFMもCoCも同じだ。

　また、認証機関もFSC国際事務局が定めている資格要件に基づき、ASI (Assurance Service International) という組織の定期的な審査に合格

する必要があり、これによって審査の質を担保できるからだ。

🖐 認証基準

　FSCの導入を検討する場合、認証取得側の立場によって認証基準が異なる。1つめのFM（Forest Management）認証は、環境保全の点から見ても適切で、社会的な利益を生み、経済的にも継続可能な森林管理を審査するための「10の原則と70の基準」が定められている。

①法律の順守──森林管理や取引に関する国内法や国際条約が守られているか。
②労働者の権利と労働環境──労働者の権利や安全は守られているか。
③先住民の権利──先住民の権利は侵害されていないか。
④地域社会との関係──地域社会と連携し、良い関係を築いているか。
⑤森林のもたらす便益──森林の多面的な機能が考慮されているか。
⑥環境価値と環境への影響──環境への影響は評価され、環境が守られているか。
⑦管理計画──きちんとしたデータや情報に基づく計画がされているか。
⑧モニタリングと評価──環境や社会への影響がモニタリングされ、負の影響が抑えられているか。
⑨高い保護価値──森林の生態的、社会的に高い保護価値は守られているか。
⑩管理活動の実施──管理活動は計画どおりに行われているか。

　2つめのCoC（Chain of Custody）認証は、「FSC認証林由来の木材」「リサイクル資源」などFSCが適切であると認める原材料のみが認証製品の製造に使用されていることをチェックする要求事項がある。「認証取得組織の管理体制」「原材料分別・識別管理能力」「数量管理能力」「人的・技術的・設備的なリソース」「商標管理能力」などの評価のほか、「組織の安全管理体制」「従業員の人権保護」までカバーする。

MSC
「海のエコラベル」

MSC(Marine Stewardship Council:海洋管理協議会)
日本における窓口:一般社団法人 MSCジャパン
ホームページ https://www.msc.org/jp
問い合わせ先 電話:03-5623-2845 Eメール:MSCJapan@msc.org

MSC認証は、水産資源や環境に配慮し、適切に管理された持続可能な漁業に関する認証。MSC漁業認証と、水産物の加工・流通に関するMSC CoC認証がある。

👉 認証ラベルの対象

持続可能な漁業で獲られた天然の水産物（魚、貝、エビ、イカ、タコ、カニ、ロブスターなど）を使用した製品。

👉 ここに注目！

「世界の水産資源の3分の1が過剰に獲られすぎ」だと言われる。世界の人口が増え続けているいま、持続可能な漁業は食料となる水産資源を守るためにも欠かせない。そのために生まれたのが、MSC「海のエコラベル」だ。

水産物は、私たちに必要な栄養素であるタンパク質の重要な摂取源である。日本人は多様な魚種を口にすることができるため、約17％を魚介類からタンパク質を摂取する。具体的には、動物性タンパク質の摂取量に占める魚介類の割合は、約30％にものぼる。

また、世界規模の消費者調査では70％以上が、海を守るためには持続可能な漁業で獲られた水産物を食べるべきだと考えているという結果

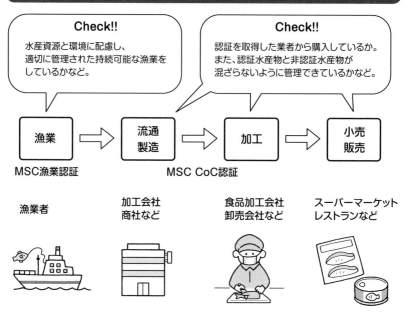

MSCのしくみと審査のチェックポイント 再掲

Check!!
水産資源と環境に配慮し、適切に管理された持続可能な漁業をしているかなど。

Check!!
認証を取得した業者から購入しているか。また、認証水産物と非認証水産物が混ざらないように管理できているかなど。

漁業 → 流通製造 → 加工 → 小売販売

MSC漁業認証　　　　MSC CoC認証

漁業者　　　加工会社商社など　　　食品加工会社卸売会社など　　　スーパーマーケットレストランなど

(注)スーパーマーケットなどの店舗で加工・包装する製品にMSCラベルを表示したり、レストランのメニューにMSCラベルを表示する場合は、スーパーマーケットやレストランまで認証の取得が必要。

もあり、世界の消費者のサステナブル・シーフードを求める声は高まるばかりだ。

認証取得のプロセス

　漁業者向けと加工・流通業者向けの2つの認証に分かれる。

MSC漁業認証──認証取得を希望する漁業者が第三者の審査機関に申請し、該当する漁業についての資料・情報を提示する。そこでMSC漁業認証規格を満たしているかどうかが審査される。現地訪問やパブリックコメントから得られた情報も加味して、規格を満たしていると認められれば認証が取得できる。

MSCのCoC認証──認証取得を希望する事業者が第三者の審査機関に申請し、認証水産物を確実に管理するための手順、記録などの情報を提示する。MSCのCoC認証規格を満たしているかどうかが審査され、規

格を満たしていると認められれば認証が取得できる。

👉 認証規格

規格も漁業者向けと加工・流通事業者向けに分かれている。

👉 MSC 漁業認証規格

原則1——資源の持続可能性（過剰な漁獲を行わず資源を枯渇させないこと。枯渇した資源については、回復を論証できる方法で漁業を行うこと）。

原則2——漁業が生態系に与える影響（漁業が依存する生態系の構造、多様性、生産力などを維持できる形で漁業を行うこと）。

原則3——漁業の管理システム（地域や国内、国際的なルールを尊重した管理システムを有すること。また、対象となる漁業が持続可能な資源利用を行うための制度や体制を有すること）。

👉 MSC CoC認証規格

原則1——認証製品は、認証取得サプライヤーから購入されなければならない。

原則2——認証製品であることが、識別できなければならない。

原則3——認証製品は、分別されなければならない。

原則4——認証製品は追跡可能であり、数量が記録されなければならない。

原則5——事業者の管理システムは、本規格の要求事項に対応するものでなければならない。

原則6——グループCoCに関する追加要求事項（CoC認証グループ向けバージョンにのみ適用／複数の現場を有する事業者で、適用資格を満たす事業者が申請可能）。

ASCラベル

水産養殖管理協議会　Aquaculture Stewardship Council (ASC)
ホームページ https://jp.asc-aqua.org/　**問い合わせ先** https://jp.asc-aqua.org/contact/

環境と社会に配慮して育てられた養殖水産物を認証し、ASCラベルを添付して持続可能な水産物を消費者に届けるしくみ。

認証の対象製品

環境と社会に配慮した養殖水産物全般（魚、貝、えびなど）。

ここに注目！

近年は食の多様化や健康ブームもあり、「食」への関心が高まり、栄養価が高く、しかもカロリーが低いヘルシーな水産品を求める人たちが増え続けている。一方で、天然魚の漁獲量は減っており、水産業者が魚を消費者に提供し続けていくために、すでに紹介した持続可能な漁業で獲られた天然の水産物につくMSC「海のエコラベル」だけでなく、環境と社会への影響を最小限に抑えた養殖場で育てられた水産物、ASC認証を取得した魚が大手スーパーをはじめとして市場に出回りはじめている。

認証取得のプロセス

養殖場の認証のほか、加工・流通過程のCoC認証は、MSCと共通である。養殖場はASC養殖場基準に準拠していることを独立した認証機関

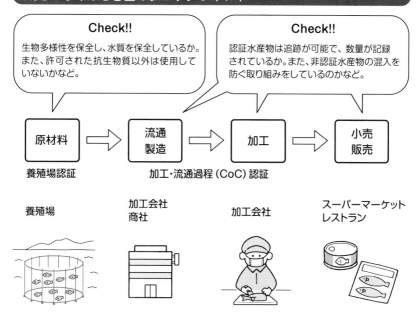

ASCのしくみと審査のチェックポイント

Check!!
生物多様性を保全し、水質を保全しているか。また、許可された抗生物質以外は使用していないかなど。

Check!!
認証水産物は追跡が可能で、数量が記録されているか。また、非認証水産物の混入を防ぐ取り組みをしているのかなど。

| 原材料 | → | 流通製造 | → | 加工 | → | 小売販売 |

養殖場認証　　　　加工・流通過程（CoC）認証

養殖場　　　加工会社商社　　　加工会社　　　スーパーマーケットレストラン

(注) スーパーマーケットやレストランなどは店舗で加工・包装する際やメニューにラベルを表示する場合は、認証の取得が必要。そうでない場合は、CoCを取得する必要はない。

により審査される。認証機関自身も、別の独立した機関（ASI）により認定を受ける必要がある。審査レポートは公開されパブリックコメントなど包括的で透明性を保ったプロセスを経て、認証の取得が行われる。

　具体的には、養殖場などの企業が独立した認証機関と契約を結び、認証機関が養殖場などと協力して審査の準備を進めることになる。少なくとも30日以上前に、ASCのウェブサイトに審査の実施が公示される。審査では、通常は2名の審査員が派遣され、管理運営面の評価や管理者やスタッフのインタビューを行い、終了後に審査チームが報告書案を作成。ASC基準への適合性について判断をくだすことになる。

　報告書案は最低10日間、公聴のためにASCのウェブサイトに掲示され、関係者からのフィードバックを待つ。その後、認証機関が最終審査報告書を作成する。

認証基準

ASCは以下の7原則に基づき科学的に確立された基準をもとに養殖場は審査される。

①国および地域の法律および規制への準拠。
②自然生息地、地域の生物多様性および生態系の保全。
③野生個体群の多様性の維持。
④水資源および水質の保全。
⑤飼料およびその他の資源の責任ある利用。
⑥適切な魚病管理、抗生物質や化学物質の管理と責任ある使用。
⑦地域社会に対する責任と適切な労働環境。

また、認証された水産物はCoC認証を取得し、加工・流通の段階において非認証水産物と確実に分離し、管理している企業のみによるサプライチェーンを通じてラベル付き製品を消費者に届けることができる。

有機JASラベル

農林水産省　Ministry of Agriculture, Forestry and Fisheries
ホームページ　https://www.maff.go.jp/j/jas/jas_kikaku/yuuki.html#kikaku
問い合わせ先　ホームページに記載

JAS法に基づき、「有機JAS」に適合した生産が行われていることを第三者機関が検査し、認証された事業者に「有機JASマーク」の使用を認める制度。

認証の対象製品

農産物、加工食品、飼料、畜産物および藻類。

ここに注目！

　農畜産物やその加工食品につくラベル。2020年に一般社団法人日本サステナブル・ラベル協会が行った認知度調査では、有機JASマークは、60.7％と認知度が最も高かった。有機JASを取得している企業は、国際フェアトレード認証ラベル、レインフォレスト・アライアンス認証マークなど、ほかのラベルもダブルやトリプルで取得しているケースが散見される。

　いずれも農産物や加工食品につく認証であるが、それぞれが認証の取得時にチェックする観点に違いがあるという理由からだ。たとえば、有機JASを例にあげるが、この認証マークがつけば、農薬や化学肥料に依存しない取り組みに積極的である姿勢を示すことができる。さらに、「有機」「オーガニック」と名乗れる。国も積極的に取り組んでおり、認められていない資材などが製品に使用されていないかなど、国の登録を受

第7章

〈実践編〉 8つのサステナブル・ラベルの意味・役割を知る

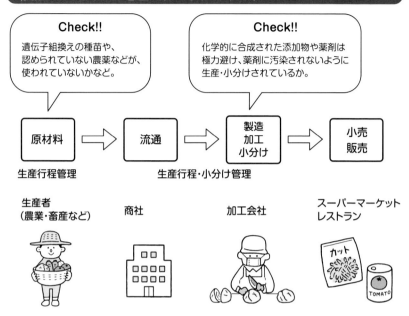

Check!!
遺伝子組換えの種苗や、
認められていない農薬などが、
使われていないかなど。

Check!!
化学的に合成された添加物や薬剤は
極力避け、薬剤に汚染されないように
生産・小分けされているか。

原材料 → 流通 → 製造 加工 小分け → 小売 販売

生産行程管理　　　　　生産行程・小分け管理

生産者　　　　　　商社　　　　　　加工会社　　　　スーパーマーケット
（農業・畜産など）　　　　　　　　　　　　　　　　　レストラン

(注) 小売・販売店舗で加工や小分けした商品を有機として販売する場合は認証の取得が必要。
　　JASマークが付された商品をそのままの形で販売する場合は認証を取得する必要はない。

けた認証機関が検査を行うなど、消費者にとってもこの認証があること
は安心感に結びつく。

認証取得のプロセス

　登録認証機関は、有機農産物の生産農家や加工食品の製造業者などか
らの認証の申請を受け、認証の技術的基準に基づいて審査（書類審査お
よび実地検査）を行い、認証する。登録認証機関は、認証を行った生産
農家や製造業者などが認証後も有機JASに基づいて生産していることを
確認するため、最低１年に１回、調査を行う。

　認証事業者による格付認証を受けた有機農産物の生産農家や加工食品
の製造業者は、生産・製造過程の記録などを基に、自らが生産・製造し
た食品を格付し、有機JASマークを貼付して市場に供給する。

認証基準

有機農産物の生産方法の基準（ポイント）

①堆肥などによる土づくりを行い、播種・植付け前2年以上および栽培中に（多年生作物の場合は収穫前3年以上）、原則として化学的肥料および農薬は使用しないこと。

②遺伝子組換え種苗は、使用しないこと。

有機畜産物の生産方法の基準（ポイント）

①飼料は原則として有機飼料を与える。

②野外への放牧などストレスを与えずに飼育する。

③抗生物質などを病気の予防目的で使用しない。

④遺伝子組換え技術を使用しない。

有機加工食品の生産方法の基準（ポイント）

①化学的に合成された添加物や薬剤の使用は、極力避ける。

②原材料は水と食塩を除いて、95％以上が有機農産物、有機畜産物または、有機加工食品である。

③薬剤により汚染されないよう管理された工場で製造を行う。

④遺伝子組換え技術を使用しない。

　有機食品の輸入は、他国の制度を自国の制度と同等と認め、相手国の有機認証品を自国の有機認証品として取り扱う国家間の取り決めがある。現在、米国、カナダおよびスイスと有機農産物、有機畜産物および有機加工食品について、EU、英国および台湾と有機農産物および有機農産物加工食品について、相互承認をしている。

レインフォレスト・アライアンス認証ラベル

レインフォレスト・アライアンス　Rainforest Alliance

ホームページ
日本語ビジネス向け　www.rainforest-alliance.org/ja/ビジネス向け
英語ビジネス向け　　www.rainforest-alliance.org/ for-business/
問い合わせ先　customersuccess@ra.org

気候変動への対応や人権尊重、農園の労働環境、森林の保護など、「環境・経済・社会」の側面から、より持続可能な農業とそれを支えるサプライチェーンに価値をもたらす認証。

認証の対象製品

　コーヒー、チョコレートなどのカカオ製品、茶類（紅茶、緑茶、中国茶）、バナナ、果物、果汁、ハーブとスパイス（ルイボス、バニラ、コショウ、スパイスをはじめ228種/2023年1月現在）、野菜、パーム油、切り花など。

ここに注目！

　より持続可能な農業に取り組む農園で生産・加工されたことを示す。紅茶、チョコレートやバナナ、ファミリーレストランのドリンクバーのコーヒーなどで、頻繁に見かけるのがカエルのマークである。「環境の変化に敏感」という意味も込めて、カエルをシンボルにする。

　レインフォレスト・アライアンスのホームページによると、「カエルは、科学者からは生物指標と呼ばれており、カエルの健全な生息個体数は健全な環境を指し示す」とある。

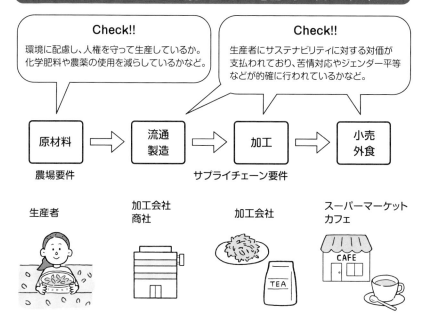

レインフォレスト・アライアンス認証のしくみと審査のチェックポイント 再掲

Check!!
環境に配慮し、人権を守って生産しているか。
化学肥料や農薬の使用を減らしているかなど。

Check!!
生産者にサステナビリティに対する対価が
支払われており、苦情対応やジェンダー平等
などが的確に行われているかなど。

原材料 → 流通 製造 → 加工 → 小売 外食

農場要件　　　　　　サプライチェーン要件

生産者　　　加工会社 商社　　　加工会社　　　スーパーマーケット カフェ

TEA

CAFE

認証取得のプロセス

「農園」と「サプライチェーン」とでは審査の基準が異なり、事業者および製品の流れによって審査の形態も変わる。自社の審査がどのようになるかわからない場合は、団体（ホームページ参照）に問い合わせることをおすすめする。

　まず、「農園認証」は、以下の流れになる。

①登録する。
②登録内容を基にした適用される農場要件の確認をする。
③適用される農場要件に基づく実地審査する。
④認証機関からの認証が付与される。

次に、「サプライチェーン（企業向け）」認証の取得プロセスである。

① 登録する。
② 登録内容を基にした適用されるサプライチェーン要件の確認をする。
③ 登録内容に基づくリスク査定により、審査の要・不要、頻度を決定する。
④ ③の結果により、適用されるサプライチェーン要件に基づく第三者認証機関の審査、あるいはレインフォレスト・アライアンスによる検証。
⑤ 認証機関あるいはレインフォレスト・アライアンスからの認証が付与される。

認証基準

認証基準は、①管理、②トレーサビリティ、③責任の共有、④農業（農場認証のみ）、⑤社会（人権、労働環境など）、⑥環境の6つの視点がある。

③の責任の共有は、市場価格に上乗せして認証生産者に支払われる「持続可能な農業に対する対価（サステイナビリティ差額）」と「投資（サステイナビリティ投資）」を指す。サステイナビリティ差額は、生産者が自由に（大規模農場の場合は労働者福祉）使用できるという特徴がある。

サステイナビリティ投資は、生産者が認証の維持、継続のために必要な投資計画をたて、サプライチェーンから支払われた金額を利用して、たとえば、労働者の福利厚生やトレーニングなどの持続可能な農業に投資を行う。

国際フェアトレード認証ラベル

国際フェアトレードラベル機構　Fairtrade International
（日本でのライセンス・認証機関）　特定非営利活動法人フェアトレード・ラベル・ジャパン
Fairtrade Label Japan
ホームページ　https://www.fairtrade-jp.org/
問い合わせ先　ウェブサイトの「お問い合せフォーム」に確認のこと。

開発途上国で生産されたコーヒーやカカオ、コットンなどの原料や製品が公平な条件で取引され、経済・社会・環境の3つの柱を持つ国際フェアトレード基準が守られていることを認証する制度。

認証の対象製品

コーヒー、カカオ、茶、はちみつ、ナッツ、オイル・オイルシード、穀物、生鮮果物、野菜、加工果物・野菜、ハーブ・スパイス、砂糖、コットン、花・植物、スポーツボールなど。

ここに注目！

コーヒーやチョコレートなどの身近な食品から、コットンやサッカーボールまで、対象となるその範囲は幅広い。そのため開発途上国の生産者を不当な取引から守るだけでなく、働く人たちの生活の向上や環境への配慮も盛り込まれている。

また、フェアトレードの影響・効果について、モニタリングレポートがWEBサイトで公開されている。プレミアムは現地の生産者組合に対して支払われ、民主的な話し合いにより使途を自分たちで決定。中長期的に重要なことに投資されている。たとえば、社会インフラの整備（医

第7章

〈実践編〉8つのサステナブル・ラベルの意味・役割を知る

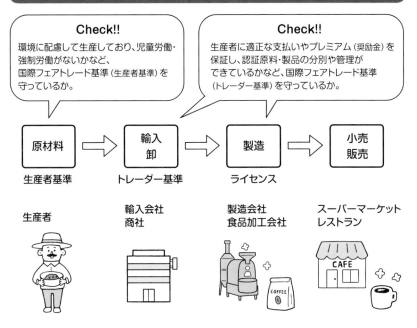

Check!!
環境に配慮して生産しており、児童労働・強制労働がないかなど、国際フェアトレード基準 (生産者基準) を守っているか。

Check!!
生産者に適正な支払いやプレミアム (奨励金) を保証し、認証原料・製品の分別や管理ができているかなど、国際フェアトレード基準 (トレーダー基準) を守っているか。

療や教育など)、生産性や品質の向上、気候変動対策など、地域の貧困削減や生産の向上につながるような活用がなされている。

認証取得のプロセス

　日本で申請し、フェアトレード・ラベル・ジャパンが認証機関になる場合は、次のような手順になる。

　①申請書類の提出→②書類審査→③初回認証料の振込 (＝契約締結)
　　→④仮認証書の発行 (取引の開始)→⑤ (仮認証から6カ月以内に) 初
　　回監査の実施→⑥認証書の発行である。
　詳細は、国際フェアトレードの資料 (https://www.fairtrade-jp.org/
license/) を参考にしてほしい。

☞ 認証基準

　国際フェアトレード認証制度では、原料が完成品となるまで過程に関わるすべての組織に対して定期的に監査が実施され、生産者に対する適正価格の保証やプレミアム(奨励金)の支払い、児童労働の禁止、環境に配慮した生産などの国際フェアトレード基準が遵守されているかを確認する。

　輸入、製造組織の監査では、フェアトレード価格・プレミアムの適切な支払い、認証原料・製品の物理的分別（カカオ、茶、砂糖、フレッシュジュースを除く）、書類上でのトレーサビリティ、輸入・販売数量の管理などを確認する。

08 国際認証 パーム油

RSPOラベル

持続可能なパーム油のための円卓会議 Roundtable on Sustainable Palm Oil（RSPO）
ホームページ https://rspo.org/ **問い合わせ先** https://rspo.org/contact-us/

パーム油の生産が熱帯雨林やそこに棲息する生物の多様性、森林に依存する人々
の生活に悪影響をおよぼさないことを目指して持続可能なアブラヤシ由来原料を
使用。あるいは、その生産に貢献した製品であることを示す。

認証の対象製品

　パーム油、パーム核油およびそれらの派生物を原料とした製品。マー
ガリン、ショートニング、パン、お菓子類、カップ麺、洗剤、石鹸、シ
ャンプー、化粧品など。

ここに注目！

　食品だけではなく石鹸やシャンプーの原材料としても、暮らしの中で
欠かせない存在となっているパーム油。インドネシア・マレーシアなど
の原生林を伐採したプランテーションで生産されることが多く、環境破
壊や人権侵害などが問題視されてきた。生産地の環境や人々を守るため
に生まれたのが、RSPOだ。
　日本ではこの10年でRSPOに加盟する企業も増え、認証製品を目にす
ることも増えてきた。洗剤・石鹸から導入されはじめたが、現在ではお
菓子や食品にも広がり、身近な製品でも見つけることできる。

RSPOのしくみと審査のチェックポイント

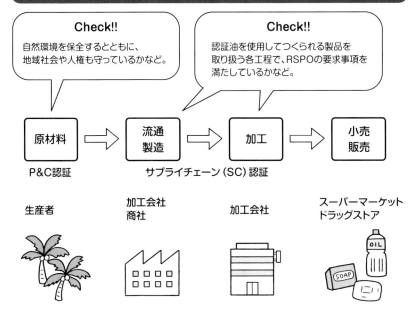

Check!!
自然環境を保全するとともに、
地域社会や人権も守っているかなど。

Check!!
認証油を使用してつくられる製品を
取り扱う各工程で、RSPOの要求事項を
満たしているかなど。

原材料 ⇒ 流通 製造 ⇒ 加工 ⇒ 小売 販売

P&C認証　　　　サプライチェーン(SC)認証

生産者　　　　加工会社 商社　　　　加工会社　　　　スーパーマーケット ドラッグストア

認証取得のプロセス

日本の企業が主に対象になるサプライチェーンの認証は、

①RSPOへの加盟。

②認証範囲の特定（製造拠点、加工および保管拠点、輸送業者など）。

③審査機関への申し込み。

④要求事項に準拠するための運用方法の構築。

⑤手順の文書化。

⑥必要書類の準備。

⑦教育・内部監査・マネジメントレビューの実施。

⑧審査受審。

⑨認証書の受領。

という段取りになる。

RSPOには農園の規格（P&C）と、サプライチェーンの認証規格(SCC)がある。

農園規格には7つの原則があり、その下に基準がある。原則については、

①倫理的かつ透明性をもって行動する。

②合法的に操業し、権利を尊重する。

③生産性、効率、正のインパクトおよび強靭性を最適化する。

④地域社会や人権を尊重し、利益をもたらす。

⑤小規模自作農の参加を支援する責任ある新規農園開発をする。

⑥労働者の権利と労働条件を尊重する。

⑦生態系と自然環境を保護、保全し、向上させる。

と定められている。

RSPO認証の持続可能なアブラヤシ製品加工業者または使用業者は、「RSPOサプライチェーン認証規格」および「RSPOマーケットコミュニケーションと主張に関する規則」の要求事項に忠実にしたがっているとき、RSPO認証アブラヤシ製品の使用（または支持）を主張できる。

また、サプライチェーンのモデル、SCC（Supply Chain Certification）サプライチェーン認証には、IP（Identity Preserved）、SG（Segregation）、MB（Mass Balance）などがある。

GOTSラベル
(Global Organic Textile Standard)

Global Standard gGmbH
ホームページ https://global-standard.org/ 　**問い合わせ先** mail@global-standard.org

繊維製品のサプライチェーン全体を対象とする。環境・人権・社会的要件を含む
オーガニック繊維のための加工基準で、「繊維製品が正しくオーガニックである」
という状況を確保する世界的なルールを定めるための認証。

👉 認証の対象製品

認証されたオーガニック繊維を70％以上使用したすべての繊維製品
（糸や生地の中間品、衣類、ホームテキスタイルやパーソナルケア製品の最終製
品）など。

👉 ここに注目！

オーガニック繊維のラベルと言えばコットンをイメージする人が多い
ようだが、ウールや絹など幅広い繊維をカバーする。食品と大きく異な
る点は、日本では繊維の場合、「オーガニック」の基準が法律で厳密に
定められているわけではないことだ。そのため玉石混交になりがちであ
る。製造段階で使用する薬剤や労働条件までチェックをする同認証は、
サステナブルな選択の目印として活用できる。

👉 認証取得のプロセス

GOTS認証を取得する企業は、基準書、実施マニュアルおよびその他

第7章 《実践編》8つのサステナブル・ラベルの意味・役割を知る

221

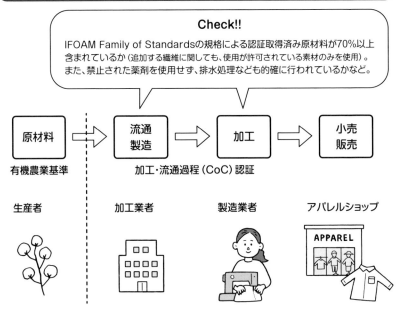

Check!!

IFOAM Family of Standardsの規格による認証取得済み原材料が70%以上含まれているか（追加する繊維に関しても、使用が許可されている素材のみを使用）。また、禁止された薬剤を使用せず、排水処理なども的確に行われているかなど。

原材料 → 流通製造 → 加工 → 小売販売

有機農業基準　　加工・流通過程（CoC）認証

生産者　　加工業者　　製造業者　　アパレルショップ

(注) GOTSの認証範囲は、最初の加工工程から。オーガニック繊維の生産には、該当する生産範囲については、IFOAM Family of Standardsのいずれかの規格での認証が必要。

の条件書類を把握する必要がある。

　認証のプロセスは、下記のとおり。

①対象となる製品を確定し、その製品フローや使用する投入物などを把握する。
②第三者の認証機関へ申請を行う。
③必要な書類は認証機関に提出され、審査される。
④GOTSへの適合は、現地監査にて確認され、監査員のレポートをもとに認証機関が判定を行い、適合していれば認証書（SC）が発行される。

　認証は１年に一度、監査を受けて更新される。

認証基準

　基本的に、GOTS認証スキームに参加する企業は、基準のすべての要件に準拠する必要がある。担当の認証機関は、適切な検査方法を利用する。

①GOTS認証製品の流れを検証するための帳簿のレビュー（インプットとアウトプットの一致、マスバランス計算、ロットおよび出荷の追跡）。これはGOTS認証製品を販売／取引するすべての事業者の検査の重要なポイントである。

②該当する施設の訪問、加工・保管システムの評価。

③分離および識別システムの評価、オーガニックの製造や製品のインテグリティに対するリスク領域の特定。

④使用されるケミカル投入資材（染料と助剤）および付属品の検査と、GOTSの適用すべき判定規準への適合性の評価。

⑤湿潤加工業の廃水処理（前処理も含め）システムの検査。

⑥社会的基準の確認（情報源として考えられるのは、管理職へのインタビュー、労働者への内密なインタビュー、人事書類、現地検査、組合／ステークホルダーなど）。

⑦汚染のリスク評価および残留物試験に関する事業者の方針の検証。これには、ランダムサンプルの残留物試験（任意）および疑い、または明らかな不適合の場合に採取されたサンプルの試験（必須）が含まれる。

エピローグ

サステナブル基準の選択が生み出す、いまと未来

　本書を執筆した2023年は、まさに世界中で気候危機を誰もが痛感する年でもあったと思います。地球沸騰化の時代と言われるいま、異常な熱波やハリケーン、山火事、グリーンランドの氷床崩壊、熱帯サンゴ礁の枯死、北極海氷の消失、アマゾン熱帯雨林の枯死など、明らかに人類の要因となる地球システムの不安定化が顕在化してきました。

　2023年10月、国連大学環境・人間の安全保障研究所（UNU-EHS）による報告『相互に関連する災害リスク（Interconnected Disaster Risks）』2023年版では、ティッピングポイントに焦点が当てられました。ティッピングポイントとは、その定める数値を超えてしまうと止めようのない変化が次々と起こる特定領域を指します。

　そうした変化には、人間や地球にとって壊滅的で不可逆的な影響がともなう可能性があるとし、近い将来に到達しうる6つの特定の臨界点について警鐘を鳴らしています。

　主要な世界規模の問題から、人々の暮らしを変えつつある相互に関連するリスクの臨界点として、

- **種の絶滅の加速**：生態系崩壊への連鎖反応
- **地下水の枯渇**：水の枯渇と食料供給の危機
- **山岳氷河の融解**：薄氷を踏み進む
- **宇宙ごみ**：人工衛星が空から消える
- **耐えがたい酷暑**：住めない場所に住む
- **保証できない未来**：リスク上昇で保険は手の届かないものに

をあげています。私たちは、複数のリスクのティッピングポイントの

瀬戸際に近づいており、さらに世界中で人権課題も叫ばれています。このような現代社会にある私たちが、特に企業が生み出す製品・サービスのインパクトが大きいことから、原材料の調達から製品化されるまでのプロセスの中で、何に配慮し活動すればよいのかをたどってきました。また、サステナブル調達を成功させるための道筋に主眼をおきつつ、自然の能力を超えずに経済活動を行っていくためのツールとして認証との関わり方をご紹介してきました。

「国際認証の教科書」としてまとめた本書は、当然ながらすべての認証を網羅しているわけではありません。主に日本で展開されている製品・サービスに関わるものを中心にしたストーリーを認証を通じてたどってきました。そして、業界ごとや認証もさまざまで、しくみを理解するのも複雑だと思われることもあったでしょう。

自然資本に依存している私たちは、科学やさまざまな技術が発達し、グローバル化した社会において、豊かに暮らしてきたかもしれませんが、ふと足元を見るとその基盤となるものが揺らいでおり、SDGsにもあるように、社会システムは変革を求められています。しかし、国・企業・NGOや投資家、時には消費者も、立場によって主張が異なる場面があり、倫理観や価値観が問われる時代にいます。

このような社会において、生産者・事業者の多くは、日々の仕事に向き合う中で、そこに何か大きなリスクがともなっているとは考えていなかったのかもしれません。

そもそも自社の設備や環境対応、従業員の人権などに関係すれば、自社内のできごととしてとらえられます。しかし、取引先でも、そのたどった先にある生産者などは遠い存在であり、その課題をジブンゴトとして位置づけるのはむずかしいという現実があります。

▶ 資源管理と人間社会

生物多様性がより重要視されサステナビリティに関する情報開示が求められる中、ビジネスにおいても、新たな経済成長にサステナビリティ

を活用する場面が見られます。

　2023年9月、TNFDによる最終提言v1.0版が発表されました。企業や団体などが、自身の経済活動によって自然環境や生物多様性に対してどのような影響があるかを評価し、情報開示を行うこと。つまり、企業が自然に関するリスク管理と情報を開示することを促しています。TNFDで提言された開示推奨項目に「ガバナンス」「戦略」「リスクとインパクト管理」「指標と目標」がありますが、あくまで基準や認証ではなく、開示提言の理解を助けるためのガイダンスであり、ビジネスが生物多様性にどのように関わっているかを「見える化」し、ビジネスを通じた自然再興への貢献を求めています。

　このように、気候変動や生物多様性の課題は密接に関係するとともに、企業にも対応が求められています。また、欧州を中心に法整備化されていくサステナビリティへの指針が国家戦略にもなる中で、本著で紹介している認証は、主に海外で策定されたものが多く、欧米を中心としたものも多いことにお気づきでしょう。人間の歴史の中で、資源や土地の奪い合い、植民地支配、戦争・紛争が繰り返されてきた側面から見れば、認証は「武器を使わない現代の戦争のツールのようなものだ」と言う人もいます。なぜかと言うと、人間が自然を支配する──命の数々を「資源」として「管理」──視点で考えることができるからです。

　保護すべき自然と、資源として活用する部分、そこで働く人々や地域への影響を基準化し、それに適合しているか否かを見る。適合していればよく、そうでなければ認証が取得できない。試験で言えば合格するか否かで判断されてしまいます。

　国際認証は、「国際資源管理認証」でもあり、「プライベート・ガバナンス」とも言われます。資源管理や人権、環境へのアプローチは主に、公共によって実施されるものも多いですが、民間主導型で誕生してきた認証制度は、公共の力だけではむずかしい取り組みを加速させることができました。

　自然や人権など、環境・社会的な責任に対しての取り組みは、基準を

見れば大切な項目ばかりだと気がつくでしょう。しかし、その当たり前ができていない世の中で、どこで何が起こっているのかを把握し、その改善方法を具体的に提示して経済システムとして組み込まれていくことは、環境保護や課題改善への力を発揮します。

　人権においても、多くの労働環境の改善が進められてきました。スキームオーナーや認証機関をはじめ、さまざまな関係者の賜物でもありますが、主に認証を取得する事業者が認証コストを負担し、その費用は消費者によって支えられてるという部分もあります。

　その点からすると、これから先、サステナビリティの観点で、頑張っている生産者や企業側の負担が多く、取り組んでいない側がフリーライダー（タダ乗り）のように利益を得ることがあるとするならば、その状況を防ぎ、真に取り組んでいる人々が評価され、利益も享受できるようにする必要があるのではないでしょうか。そのためには、長期的に見ても、持続的に共生していくために、企業の立場でも消費者であっても、「選択の基準」を持ちながら、見極める審美眼が必要となります。

▶ 国や行政と認証制度の関係性を考える

　それでは、国、行政機関側と、認証の動きにはどのような関係性があるのでしょうか。EUの法規制などの動きでは、認証制度自体をサステナビリティの根拠として活用するための連携も進みつつあります。一方で認証が万能な魔法の杖ではないように、デュー・ディリジェンスをまったくしなくてもいい、というわけでもありません。

　日本においても、グリーン購入からさらにサステナブル・エシカル購入を軸にした、調達方針と実践を推し進める必要があります。まさにいま、議論がされはじめていますが、法規制やガイダンスはもとより、まず身近な議員会館や各省庁の食堂、消耗品・物品の選択、ノベルティなどにおけるサステナブル調達の実践など、少しずつ広がりが見受けられるものの、まだまだできることが多いように見えます。

　有機食材を使う、水産物だけサステナブルな認証のものに取り組んでみる、というように断片的な取り組みも第1歩としては大切です。しか

し、トータルでのサステナビリティを見本として見せていくことも必要でしょう。取り組めるものから実行し、身近な選択肢の幅を広げて、よりサステナブルな製品・サービスへと転換し、生産者や事業者を応援する。その過程において、可能な限りエビデンスや認証製品などを活用することで、自ら実践している姿を見せられるのではないでしょうか。

　エシカル消費の普及においても、消費者に対して実践を求めることが多いですが、その前に、行政の中でどこまでできているのか。課題があれば、時には企業や認証関係者、研究者や専門家も交えて、どこで、誰が、どのように取り組めるのか。実践に向けたロードマップの策定や課題解決の道筋を示すことで、新たな活路が見いだせる可能性もあります。

　誰かが１つの立場にだけ期待し依存しても、なかなか改善が進まず、その先の社会変革までは道のりが遠くなってしまうと言えますし、縦割りの活動や連携では限界があります。なぜなら自然も人々の暮らしも産業も互いに密接に関わり合って成り立っているのですから。

▶ 自分なりの選択の基準

　私たち一人ひとりの力も絶大です。消費の動向によって企業は方向性が左右されますし、より消費者に選択されるものであり、売れるものでなければ継続がむずかしいからです。

　価格も手ごろで安心・安全、そして何よりサステナビリティの裏づけのある製品・サービスを社会に浸透させていくこと。これは、負担や犠牲がどこかに偏り過ぎては継続できません。商品の値段を著しく高く設定して消費者負担にするというのも、なかなか現実的ではありませんが、少し高くてもサステナブルな商品を選びたいという声は、確実に高まっています。つまり、普通の商品との間に多少の価格差はあっても、自分が納得のいくものを選ぶことができれば、それに越したことはないでしょう。

　認証やサステナブルな製品を選ぶときに、時には混乱する場面もあるのではないでしょうか。国産のものと、海外からの認証ラベル付き製品と、どちらがいいのか？　とか、この価格の差はどこから来るのかと、

店頭で疑問に思うときもあります。

　そこで、「自分なりの選択の基準を持つ」ことを、私はおすすめしています。最近はリーズナブルなものも増えましたが、日々の暮らしの中で、高くても認証製品を買うのはむずかしいでしょう。現在、社会全体が物価高にある中で、新たな動きとして認証製品と通常の製品での価格差がない、時には認証ラベル付きの製品のほうが安いときもあるようになりました。誰をどのように応援したいか、という視点もあります。

　たとえば、認証のものばかり選ぼうとすると、少し前までは海外からの輸入品ばかりになってしまう、という現象がありました。それは、生産が日本でできないものもありますが、遠い国から運んできたり、生産しているとなると、ライフサイクルアセスメント（LCA）やマイレージの視点で言えば、負荷が高くなってしまいます。

　個人的には、日本の生産者が国際水準で認証ラベル付き製品にまでなっていたら、生産者は高く評価されるべきですし、応援し続けたいと思います。そのためには、一過性ではなく、継続してサステナブルな生産者や事業者を応援し続けられる工夫が、行政にも企業側にも、そして消費者の意識や行動も必要となります。特に消費者にとっては生活の中で、朝のコーヒーを、お弁当の素材を、夜の魚料理を、それぞれ認証やサステナブルなものに１品ずつ少し切り替えてみるだけでも、今日のサステナブル行動が、積みあがっていきます。そうなって初めて消費者ニーズにも応えながら、企業側もサステナブル経営がし続けられるのではないでしょうか。

　消費者が応援するしくみや工夫も必要ですが、本来、多くの企業は社会課題解決のために創業者の想いや価値観、技術などを結集し、課題解決のさまざまな手法となる製品やサービスを提供しているはずです。その商品が、実は別の課題を生み出している可能性について把握し、対応や改善をしていく中で、サステナビリティ価値が可視化されたり向上していくものです。

　時代の変化に合わせた商品サービスの価値創造と、その背景まで配慮したデザイン設計のもとでの商品化が重要であり、一部が「サステナブ

ル」だという主張だけでは直面している危機に対峙するのはむずかしい
と思います。

　20年以上前から、エコデザインによる製品設計の重要性は研究者の
間でも提言されてきました。一部そのような商品があるものの、まだ企
業内に浸透しているとも言いがたいでしょう。

▶ 多様な認証がある中での活用

　認証は万能というよりも、特定の課題に対して特に強みを発揮し、全
体的に環境・社会・経済・ガバナンスの視点が網羅されていると言えま
す。業界や分野によっては、認証のスキーム自体も競合の世界に置かれ
ています。しかも、企業もスキームも消費者も、目指す世界を山にたと
えると頂上は同じです。その登り方や道が違うだけです。多様な歩み方
があったとしても共通することは目の前にある山、そこに集う動植物の
命はかけがえのないものです。山そのものが崩れてなくなってしまった
ら、私たちは命を落としてしまいます。

　どんな道でも頂上を目指していれば、どこかで人と出会ったり、同じ
目標をともにする連帯感が生まれるかもしれません。その過程の中で、
既存の調達やビジネスのあり方を見直し、時には競合他社や異業種との
交流、ビジネスとNGOなどとの連携が、サステナブル調達の変革のた
めにより有効となり、そこで多少なりとも国際認証が役立つのであれば、
活用する価値があります。

　それからサステナブル調達の主な原材料調達の環境社会的改善に主眼
をおく認証のほかにも、多数の認証があり、活用方法も多岐にわたりま
す。ISOでもさまざまな規格や認証に関する議論がなされていますし、
また、カーボンニュートラルに向けた、ILFI（International Living Future
Institute）によるZero Carbon 認証や、ガバナンス・従業員・環境・コ
ミュニティ・顧客の分野のBIA（B Impact Assessment）アセスメントに
よって、80点以上に与えられるB Corp認証などもあります。

　まさに対象とする分野やカテゴリーなど、認証の世界も多様ですが、
1つが万能ではなく、相互に補完し合いながら、サステナブル経営と

社会への貢献について、さまざまな立場で取り組み、見える化の実現が可能となってきました。

▶ サステナブルが当たり前の社会へ

この先、あらゆる角度から、部分的にではなく俯瞰的に取り組むことで、サステナブルが当たり前の社会に私たちは暮らすことができるでしょう。原材料の調達地域への影響、自然、環境、エネルギー、気候、労働者の権利、人々の暮らしなど社会への影響に至るまで、「その企業が社会へ提供するあらゆる製品・サービス」がサステナビリティ視点での配慮がなされることが理想でもあります。

なぜならば、消費者は、SDGsやサステナビリティに関心がある層ばかりではありません。「どれがサステナブルなのか？」と表示を確認しながら消費しなくても、信頼のおける企業が提供するもの、店舗にあるものすべてがサステナブルであれば、意識したい消費者はそのようなお店を優先的に選び商品を購入するため、信頼関係が構築されます。そのような意識や余裕がない人でも、意識せずとも普段の生活の中で、消費という行動からサステナブルへの取り組みが可能となります。それが、根本的なCSRにもつながります。

この数十年で、国内での広がりを見せてきたのが認証です。これらの国際認証の意義やラベルは、今後も必要ではあるものの、より社会に浸透し企業の取り組みもサステナビリティが当然となれば、いずれは昇華されて違った形の展開になる可能性もありえます。知りたいときに、信頼のおける情報へたどり着けることは技術的に可能ですし、次の時代には、新たな世界が切り開かれているかもしれません。そのためには、私たちの生活の基盤をサステナブルなものにする配慮は、欠かせないのです。

同じ地球という惑星の中で、待ったなしの状況は、「世界終末時計」（地球最後の日を深夜０時と仮定し、人類にはあとどれくらいの時間が残されているのか）では１分30秒前だと言います。

多くの研究者が社会システムのあり方について提言してきた中で、経済社会システムは変革しきれていないと言えます。「自然を壊したい、誰かが犠牲になればいい」と思って私たちは企業活動や生活をしているわけではないのに、状況は悪化し続けており、想いと行動が矛盾する社会となっているように思われます。

　研究者の声を活かし、政策や企業・そして消費者の行動変容を加速させ、「研究と想いの融合」による大きな社会的転換点（ソーシャルティッピングポイント）に向けて、ネイチャーポジティブ、カーボンニュートラル、サーキュラーエコノミーを目指し、誰もが行動する必要があります。社会変革やパラダイムシフトの先にある世界を手に入れるには、「もう手遅れではないか」と悲観するのではなく、「今日そして明日へ」とあなたが一歩踏み出していくことが、必ず大きな力となります。

　昨今の不安定な世界情勢や地政学的なリスクも含めて、私たちが同じ地球でこの時代に生まれ育ち、ビジネスも行えているという恵まれた環境をいつまでも享受し続けられるように願うばかりです。

　エコロジーを軸にしたサステナブル基準を自分自身の中に持っていれば、個人であれ、組織の一員としてであれ、どんな判断の場面においても配慮ある選択が可能となります。

　現在も未来も、私たちや次世代以降も、人類が歩み続けることができる世界、それはこの時代に生きている私たちの手にかかっています。

著者

謝 辞

「人間の手で破壊されているのなら、人間の手で守り回復させなければ
ならない」と10代のころ、子どもながら環境破壊のことを知り、悲しみ
と怒りと少しの使命感のようなものを抱いてから数十年。企業が世界に
与える影響力の大きさや、製品をたどる旅を自分自身で行うことの困難
さは想像にかたくなく、この経済社会システムを少しでも変えていくた
めの手段として「サステナビリティ」と「認証」に携わってきました。

　ISOのマネジメントシステムの研究をはじめたころ、環境経済学者の
故福岡克也先生は環境経済学の視点から、実際に研究とビジネスの接点
や、システムの変革が必要だということで、レスター・ブラウン氏をは
じめ、さまざまな方々とのご縁をくださいました。恩師の著書を読み返
すと、いまでもまだ社会が発展途上だと痛感します。

　また、森林認証の研究から永田信先生や白石則彦先生、現場の経営者
として速水亨氏や市瀬秦一郎氏など認証取得関係者に指導いただきなが
ら、日本と海外でのギャップも感じていたころ、社会では少しずつ認証
が広がりを見せ、研究の世界から縁があり、認証機関を経営する機会に
も恵まれました。

　その中で、国内外の多くの経営者や認証取得者と出会い、現場も見せ
てもらい、机上の空論ではすまされない現実について教えていただくと
ともに、恩師の先生方、研究者、NGOや企業の誰もが、自分・企業・
社会・自然・環境など関心の濃淡はあるものの、サステナブルな未来を
目指していることを改めて痛感しました。

　いま、サステナビリティやCSR関係の仕事に従事する中で、多角的か
つ俯瞰的にものごとをとらえなければ、サステナビリティの追求がむず
かしい反面、どうCSRやサステナブル調達を進めたらいいのか、企業の
みなさんが真剣に取り組み悩んでいる支えにもっとなれたならと願い、

仕事に従事しています。

　その中で、頑張っている生産者・事業者を応援しつつ、社会変革のツールとして認証が役割を担えるか、消費者にとってはエシカル消費を実践するための道筋になるのか、どう理解し活用したらいいかなど、少しでも私の経験や想いを伝えられればと、出版社のみなさんに背中を押してもらい、本書が完成しました。

　本書を世に出すことができるまでには、多くの方々からのご支援、ご協力があったことは言うまでもありません。ご迷惑もおかけしながら、何とか読者のみなさんのもとへお届けすることができました。

　まず、環境経営学、環境材料科学の研究者である東京大学名誉教授山本良一先生には、エシカル購入につなげるために、出版を通してその重要性を多くの人たちに伝えていくことの大切さを教えてもらいました。若輩者の私にいつも暖かくも厳しくご指導くださり、感謝申し上げます。先生がくださったお言葉の「気候と環境の救命」に尽力し続けます。

　また、山本先生のご縁で生産性出版の村上直子副編集長にご担当いただきましたが、村上氏なくして、本書は完成できませんでした。私の伝えたい内容を読者のみなさんにどう届けるかを常に真剣に考えてくださり、時には難解な認証の世界をともに学びながら、編集してくださいました。

　生産性労働情報センターおよび生産性出版の下村暢編集長や関係者の方々、カバーデザイナーの西垂水敦氏、本文デザイナーの茂呂田剛氏、イラストレーターのキタハラケンタ氏ほか、編集に携わられた多くの方々にも感謝申し上げます。また、私の意図をくみ取りながら、企画・編集や執筆に伴走してくれた中嶋麻喜氏、本書の執筆にご協力いただいた神﨑典子氏、認証関係者のスキームオーナー関係者、企業のみなさんには、執筆やインタビューなど、さまざまな面からご協力いただきました。改めて御礼申し上げます。

　それから、いつも背中を押してくれる家族、両親には常に支えてもらいました。息子の泰史と娘の美結花には、仕事や執筆中も、寂しい思い

をさせているにもかかわらず、出張に出かけたり、いつもパソコンに向かっていることをとがめることもなく、応援してくれました。

　ニュースを通じて、気候危機の影響や、世界では地域によって紛争や侵攻などによる悲惨な状況が起こっており、胸が張り裂けそうな映像に日々触れる中で、子どもたちから「2030年までにSDGsって本当に達成できると思う？」と、問いかけられることがあります。

　未来への不安を抱いているのが垣間見られる中で、「ママ（まな）は、世界をよくしたいと思って仕事してるんだから、絶対にあきらめないでね。自分たちの未来のためにも」と、応援してくれますが、本書もその役割を担えれば幸いです。

　いつかこの子どもたちが大人になり、環境や社会がいまよりも悪化していないよう、かけがえのない地球を大切に、幸せな暮らしを支える基盤がよくなることを願いますが、その活動はひとりではなしえません。ぜひ、世の中に、サステナビリティという考え方が浸透し、社会変革が必要とされない時代になるまで走り続けたいと思います。

　最後に、本書を手に取ってくださったすべての読者の皆様に感謝申し上げます。少しでもこの出会いがお役に立てていればと願いつつ、「今日も明日も、あなたの世界が明るいものである」ことを祈っています。

Special Thanks
立教大学准教授 大山利男氏／MSCジャパン プログラム・ディレクター 石井幸造氏／ASCジャパン ゼネラルマネージャー 山本光治氏／レインフォレスト・アライアンス キーアカウントマネージャー 一倉千恵子氏／フェアトレード・ラベル・ジャパン シニアディレクター 中島佳織氏／GOTSジャパン リプレゼンタティブ 松本フィオナ氏／FSC® Japan／ASCジャパン／一般社団法人MSCジャパン／レインフォレスト・アライアンス／特定非営利活動法人 フェアトレード・ラベル・ジャパン／GOTSジャパン／農林水産省／株式会社 金沢大地／有限会社 西製茶工場／速水林業／小林メリヤス株式会社／サラヤ株式会社／イオン株式会社／株式会社きじま／株式会社セブン＆アイ・ホールディングス／日本マクドナルド株式会社／フェアトレードカンパニー株式会社／公益財団法人世界自然保護基金ジャパン（WWFジャパン）／グローバル・コンパクト・ネットワーク・ジャパン／特定非営利活動法人 日本オーガニック・ナチュラルフーズ協会／特定非営利活動法人 日本オーガニックコットン協会／特定非営利活動法人 全国有機農業推進協議会／一般社団法人 日本サステナブル・ラベル協会 関係者の皆様／一般社団法人 日本エシカル推進協議会 関係者の皆様

参考文献

- 福岡克也（2008）『エコ・エコノミーを考える』時事通信社
- J・ロックストローム M・クルム（共著）武内和彦・石井菜穂子（監修）谷淳也・森秀行（訳）（2018）『小さな地球の大きな世界——プラネタリー・バウンダリーと持続可能な開発』丸善出版
- 株式会社日本総合研究所（2022）『サステナビリティ審査ハンドブック』.一般社団法人金融財政事情研究会
- 羽生田慶介（2022）『すべての企業人のためのビジネスと人権入門』日経BP
- 山本良一・中原秀樹（編著）（2012）『未来を拓くエシカル購入』環境新聞社
- ByRob Harrison（2021）『The Handbook of Ethical Purchasing Principles and Practice』Routledge
- 冨田秀実（2018）『ESG投資時代の持続可能な調達』日経BP
- 関根佳恵（2023）『ほんとうのサステナビリティってなに? 食と農のSDGs（2）（テーマで探究 世界の食・農林漁業・環境 2）農山漁村文化協会
- 藤田香（2023）『ESGとTNFD時代のイチから分かる 生物多様性・ネイチャーポジティブ経営』日経BP
- 村上 芽・加藤 彰・渡辺珠子（共著）（2022）『サステナビリティ人材育成の教科書』中央経済社
- 安藤直人・白石則彦（企画・編集）（2019）『概説 森林認証』海青社
- 大元鈴子・佐藤 哲・内藤大輔（著）（2016）『国際資源管理認証—エコラベルがつなぐグローバルとローカル』東京大学出版会

著者プロフィール

山口真奈美（やまぐち まなみ）

一般社団法人日本サステナブル・ラベル協会代表理事
サステナビリティ・アドバイザー

研究所勤務などを経て2003年に独立。持続可能な原材料調達やサプライチェーンにおける環境社会的配慮に向けた基準策定・環境・CSR・生物多様性・国際認証＆ラベルの研修・教育事業を行う。外資系認証機関の日本法人代表を兼任後、日本サステナブル・ラベル協会（JSL）を設立。環境や社会に配慮した持続可能な国際認証を軸に、多岐にわたる認証も支援。企業活動やライフスタイルを「よりエシカル＆サステナブルに転換すること」を目指し、コンサルティングのほか、さまざまな活動にも従事。一般社団法人日本エシカル推進協議会副会長、オーガニック関連団体の役員、FEM代表取締役、環境ビジネスプラス理事長などを兼任。

サステナブル調達を成功させるための
国際認証の教科書

2024年2月5日　初版第1刷発行

著　　　者	山口真奈美	
発 行 者	髙松克弘	
編集担当	村上直子	
発 行 所	生産性出版	

〒102-8643　東京都千代田区平河町2-13-12
日本生産性本部
電話03（3511）4034
https://www.jpc-net.jp

印刷・製本	文唱堂印刷
編集協力	神﨑典子
装丁	西垂水 敦（krran）
本文デザイン	茂呂田 剛（有限会社エムアンドケイ）
本文イラスト	キタハラ ケンタ
校正	梶原 雄